# LIGHT DANCE LICHT TANZ

Edition Axel Menges

# LICHT
# LIGHT

Wolfgang Rang

# DANCE
# TANZ

ISBN  978-3-86905-041-6
with a film on DVD by Arche Noah Filmproduktion, 2025



*Gestaltung / Design*: Miguel Fernández, Wolfgang Rang
*Druck und Bindearbeiten / Printing and binding*: TOTEM Digital Printing, Inowrocław

Alle Abbildungen von Wolfgang Rang.
All images except those separately marked by Wolfgang Rang.

Space is not empty. It is full, a plenum as opposed to a vacuum, and it is the ground for the existence of everything.

Der Weltraum ist nicht leer. Er ist voll, ein Plenum im Gegensatz zu einem Vakuum, und er ist der Grund für die Existenz von allem.

David Bohm

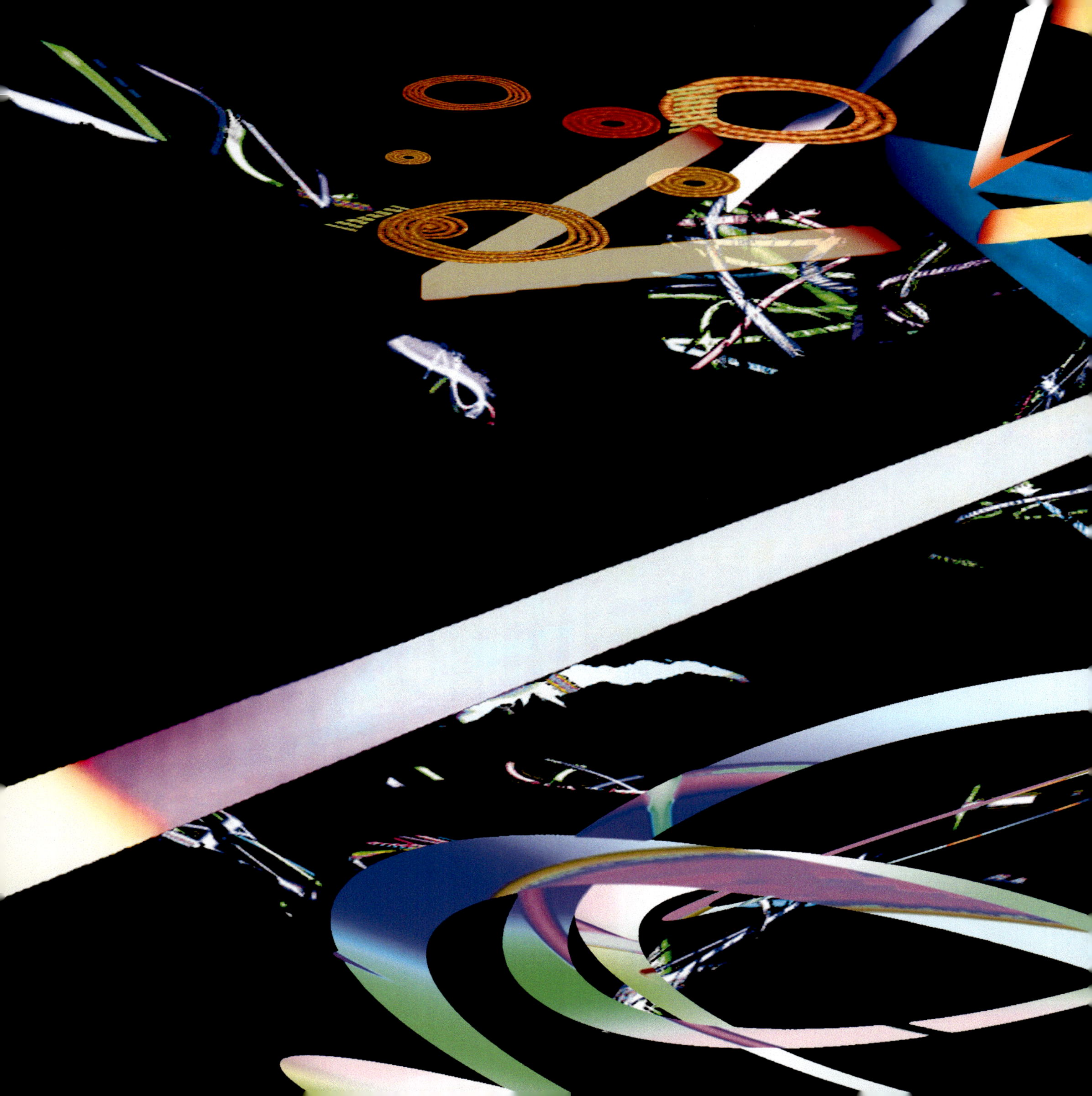

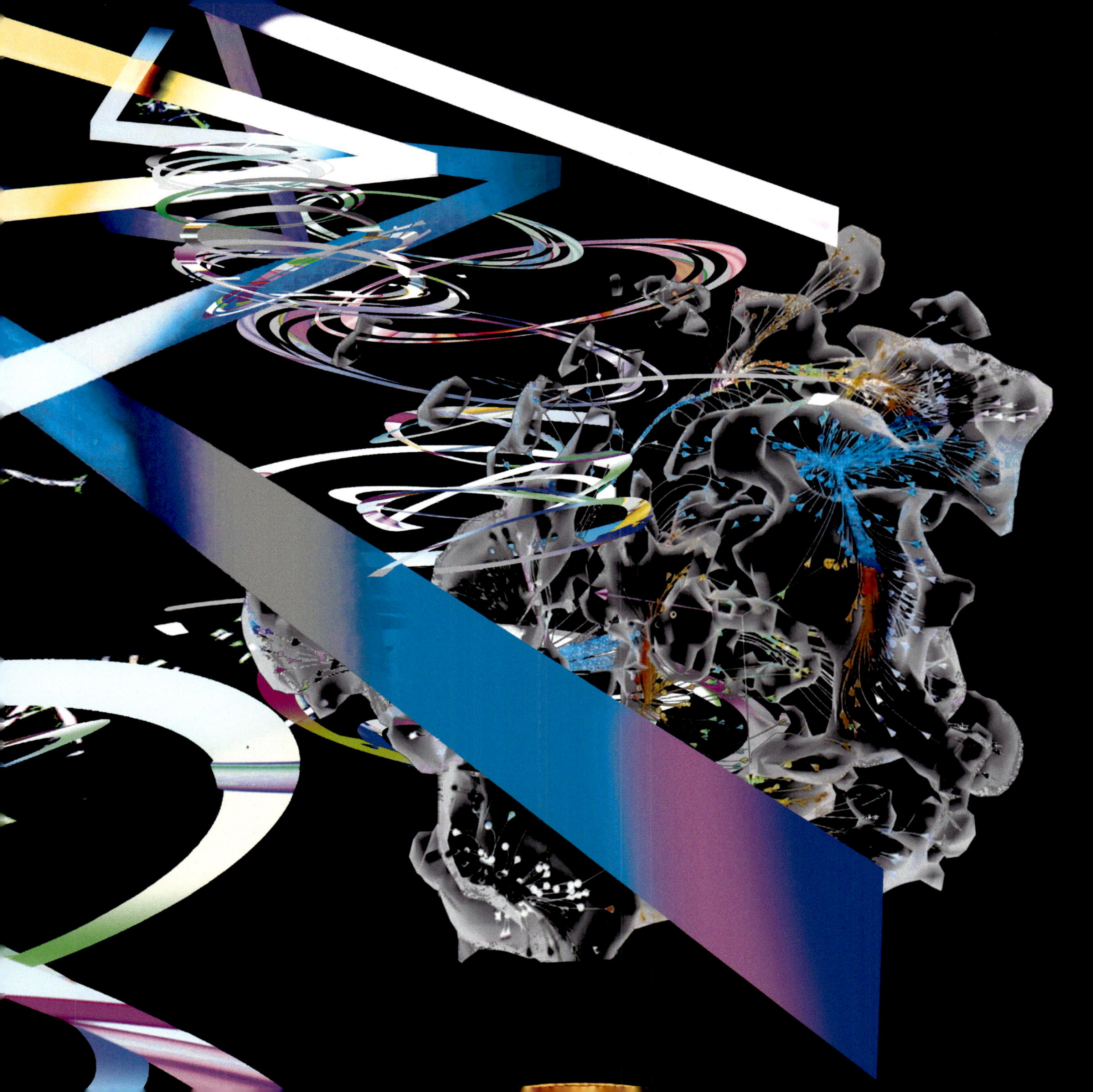

# LIGHT.DANCE

## Beyond the Visible --- IN-BETWEEN

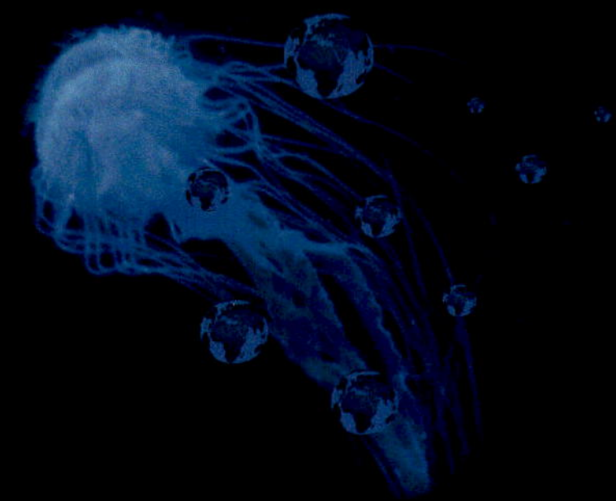

**14 a tail of light** dances IN-BETWEEN
**ein Schweif von Licht** tanzt im DA-ZWISCHEN

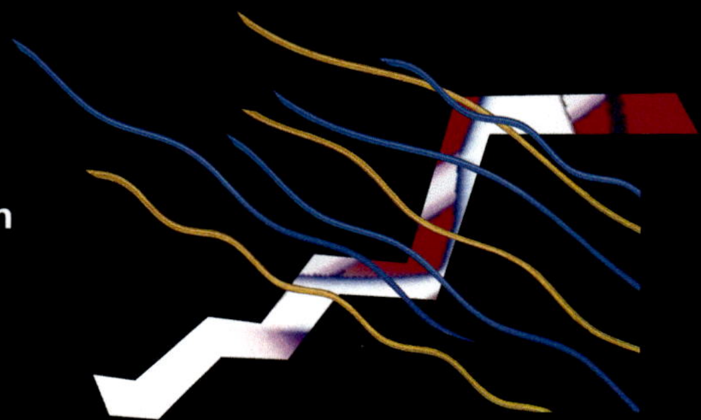

**18 a mountain** rigid frozen
**ein Berg** starr gefroren

**30 the place** where guilt is erased
**der Ort** wo Schuld gelöscht wird

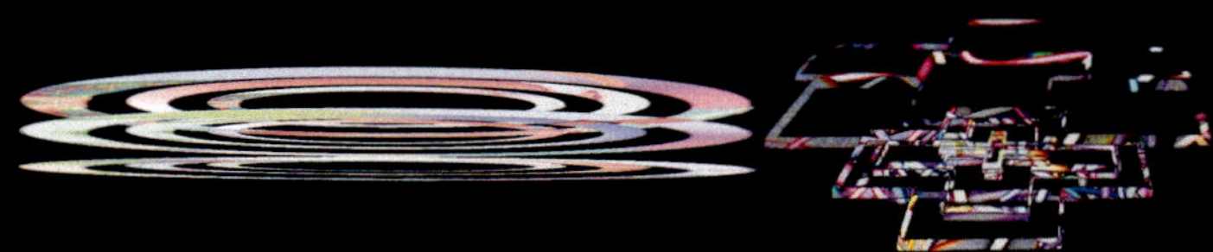

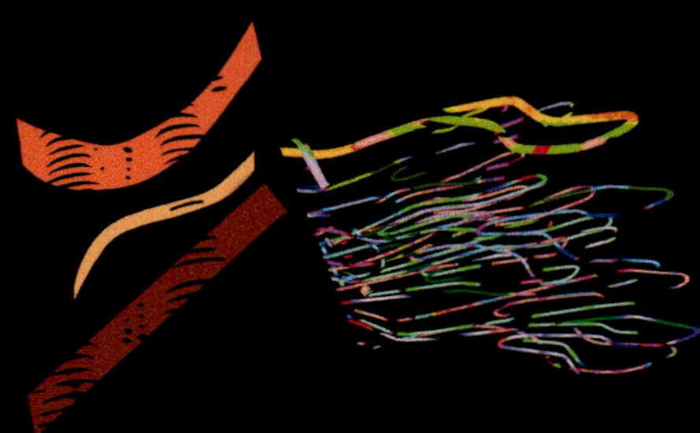

**36 forgetting** lives without memory
**Vergessen** lebt ohne Erinnerung

**44 the City of Ecstasy** everyone carries it within
**Stadt der Ekstase** trägt jeder sie in sich

# LICHT.TANZ

## Jenseits Sichtbarem --- DA-ZWISCHEN

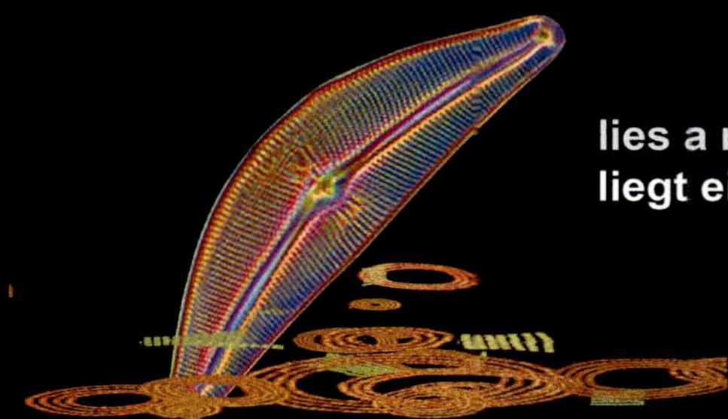

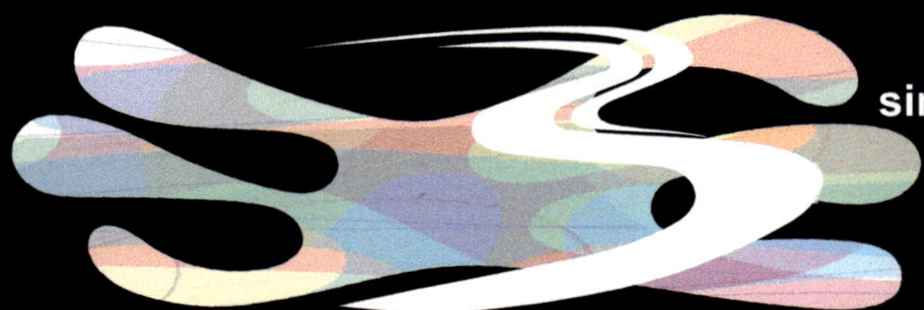

120 in the morning — I was searching
in the morning — war ich auf der Suche

130 light — tender as the wind
Licht — zart wie der Wind

140 rainbow drops of light — myriad --- full of power
Regenbogentropfen des Lichts — myriadenhaft --- voll Kraft

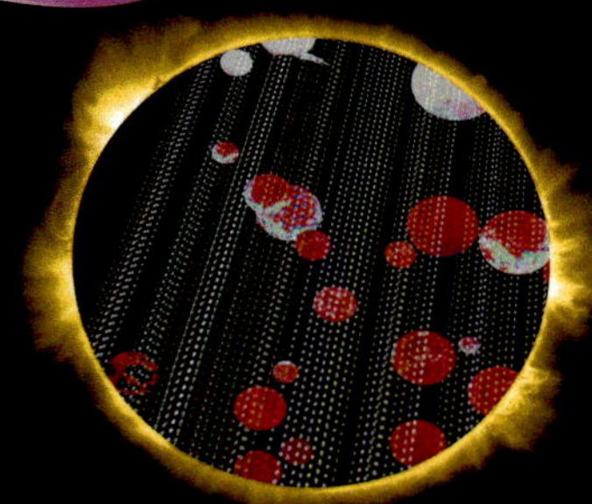

148 everyone seeks happiness — all life long
Glück sucht jeder — ein Leben lang

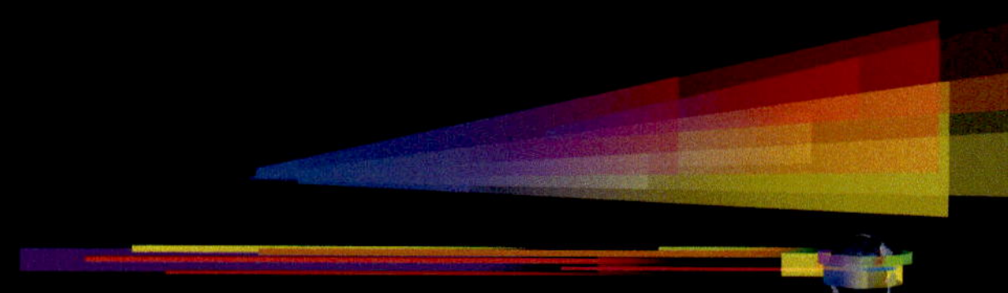

160 hills of light — rise from their sleep
Hügel aus Licht — erheben sich aus ihrem Schlaf

172 a labyrinth — invites to get lost
ein Labyrinth — lädt ein sich zu verirren

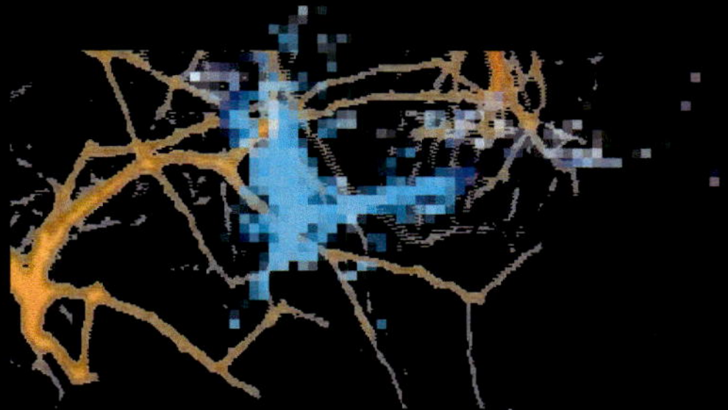

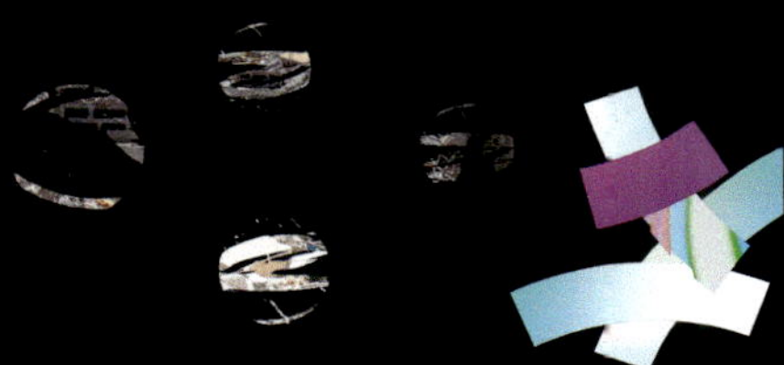

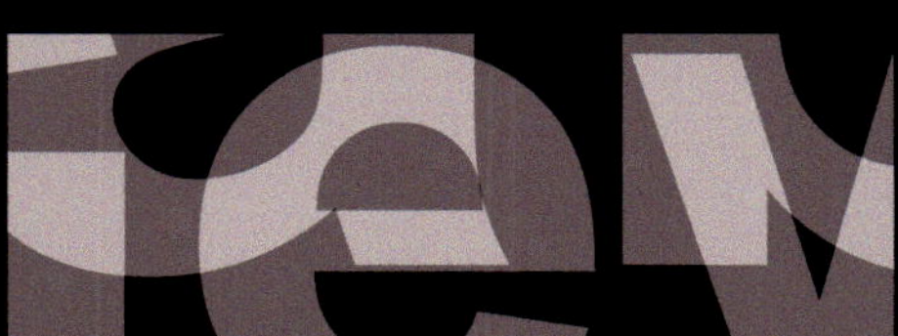

# LIGHT.DANCE

## Beyond the Visible --- IN-BETWEEN

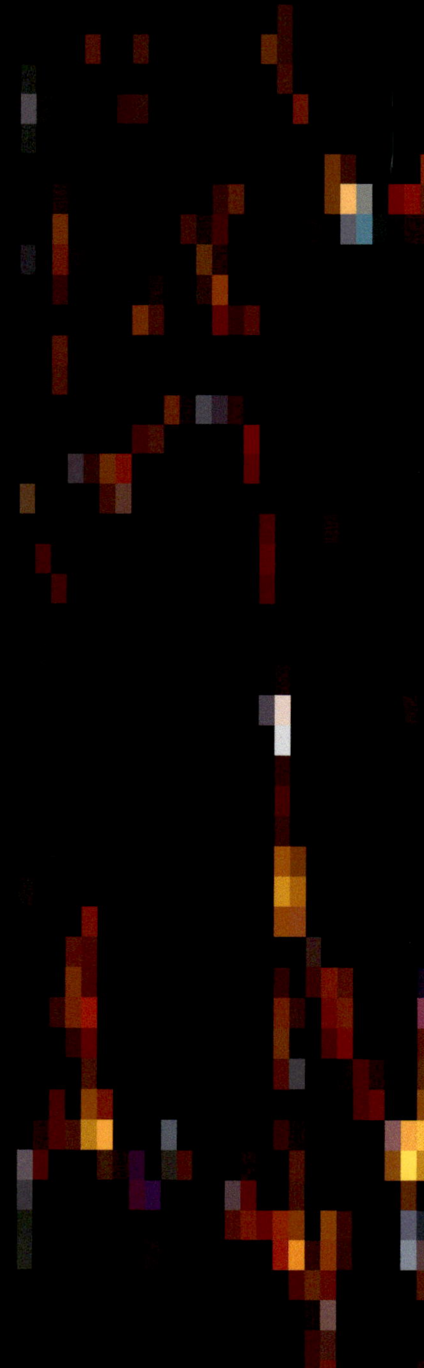

**what is between us ?**
**between us and the universe ?**
**between everything ?**

**Quantum physicists, astronomers and astrophysicists teach that there is something between all and everything --- a world far from physical laws as “Untouched Reality” and “Infinite Sea of Energy of Multidimensional Implicit Order”.**

**It is worth a try to make this space perceived as empty, this “emptiness”, this invisible, visible as light phenomena: in their movements, their bubbling, floating, flying, their up-and-down --- their evolutionary primal forces that create matter and life --- in brilliantly sparkling light dust of ecstatic weightlessness.**

**To sense this IN-BETWEEN as a fabric of boundlessly flowing vibrations of light in immanent beauty --- in frozen snapshots of its hitherto invisible self --- on our planet Earth, as outside of it is the contribution of this book:**
**in places of devotion, in nature, as in the city, on the level of the quanta, as in the filaments of our universe.**

**IN-BETWEEN**

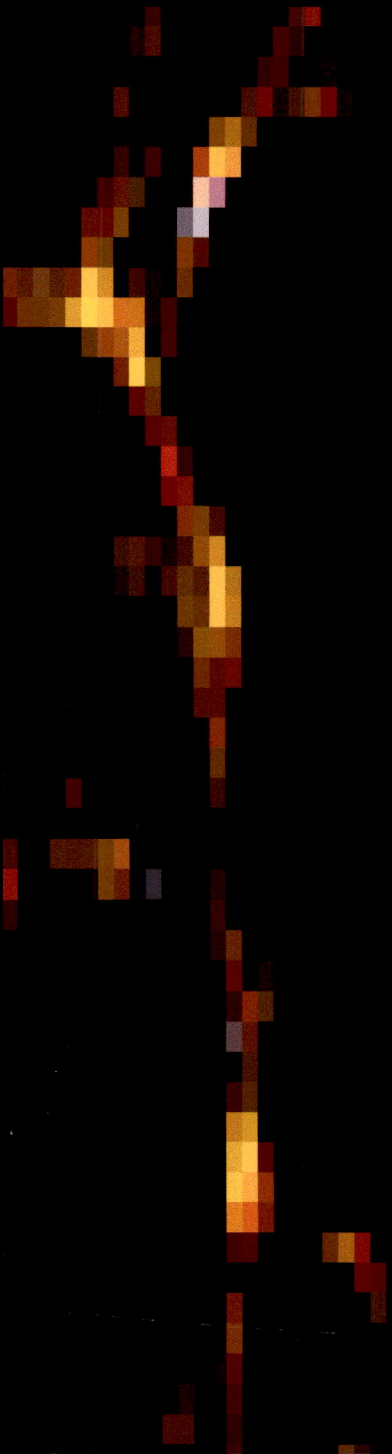

# LICHT.TANZ
## Jenseits Sichtbarem --- DA-ZWISCHEN

**was ist zwischen uns ?**
**zwischen uns und dem All ?**
**zwischen Allem ?**

**Quantenphysiker, Astronomen und Astrophysiker lehren, dass es etwas zwischen Allem und Allen gibt --- eine Welt fern physikalischer Gesetzmäßigkeiten als bisher „Unberührte Wirklichkeit“ und „Unendliches Meer der Energie multidimensionaler Impliziter Ordnung“.**

**Ein Versuch ist es wert, diesen als leer wahrgenommenen Raum, diese „Leere“, dieses Unsichtbare, als Licht-Phänomene sichtbar zu machen: in ihren Bewegungen, dem Sprudeln, Schweben, Fliegen, ihrem Auf-und-Ab --- ihren evolutionären Urkräften, die Materie und Leben erschaffen --- in brillant funkelndem Lichtstaub ekstatischer Schwerelosigkeit.**

**Dieses DA-ZWISCHEN als Gewebe von grenzenlos fließenden Schwingungen aus Licht in immanenter Schönheit zu erahnen --- in eingefrorenen Momentaufnahmen seines uns bisher unsichtbaren Selbst --- auf unserem Planeten Erde, wie außerhalb von ihm ist Beitrag dieser Untersuchung: an Orten der Hingabe, der Natur, wie der Stadt, auf der Ebene der Quanten, wie in den Filamenten unseres Universums.**

**DA-ZWISCHEN**

Leben
IN-BET
a tail of light
dances IN-BETWEEN

ein Schweif von Licht
tanzt im DA-ZWISCHEN

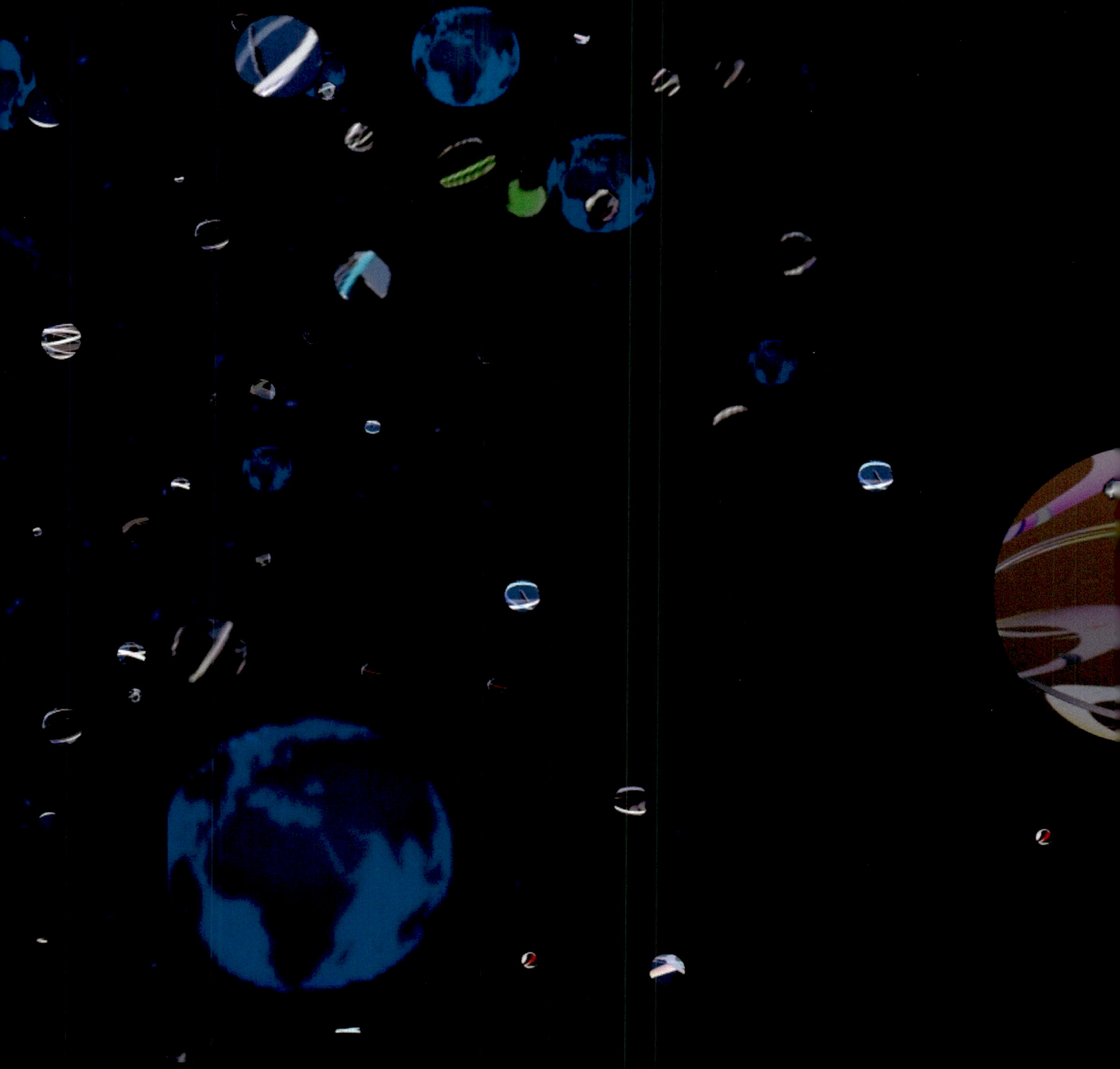

a mountain
frozen rigid
is it a dream?

when you look
from the future of the past
the mountain blooms
surrounded by its children

ein Berg
starr gefroren
ist er ein Traum ?

schaust du
aus der Zukunft der Vergangenheit zurück
blüht der Berg
umringt von seinen Kindern

Kinder

ure

 **Chichén Itzá, Mexico**

Chichén Itzá, Mexiko

 **Chichén Itzá, Mexico**

Chichén Itzá, Mexiko

24 Chichén Itzá, Mexico

Chichén Itzá, Mexiko

light
has neither walls --- nor alleys
when you are in it -- you forget everything
living with it is a new life !

Licht
hat weder Mauern --- noch Gassen
bist du in ihm -- vergisst du alles
leben mit ihm ist Neugeburt !

Mecca, Saudi Arabia

Feuer

the place --- where guilt is erased
is hard to reach

if you manage to get there
you walk through fire
your hair freezes to stone
madness stands by you
joy awaits you !

joy

der Ort --- wo Schuld gelöscht wird
ist schwer zu erreichen

gelingt es dir dort anzukommen
gehst du durch Feuer
dein Haar gefriert zu Stein
Wahnsinn steht dir bei
Freude erwartet dich !

 Bete Gyorgis Church, Ethiopia

Mekka, Saudi-Arabien

fire

Freude

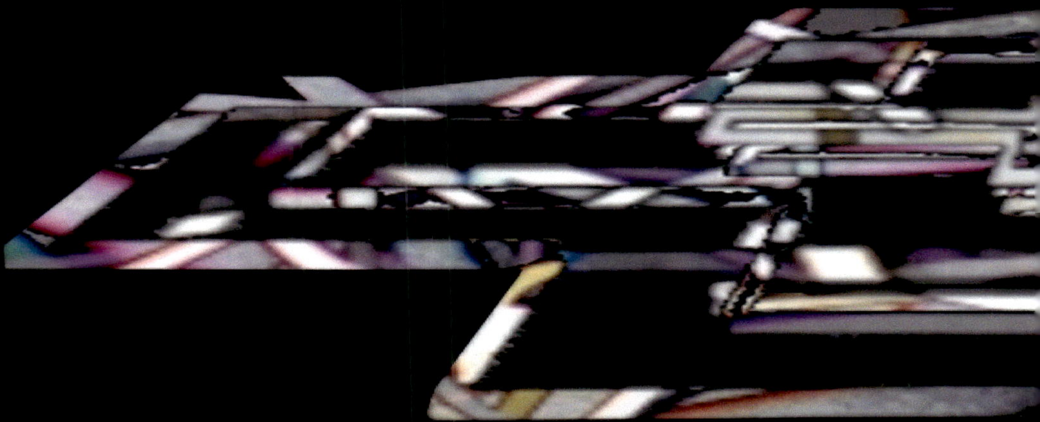

Bete-Gyorgis-Kirche, Äthiopien

 **Bete Gyorgis Church, Ethiopia**

Bete-Gyorgis-Kirche, Äthiopien 

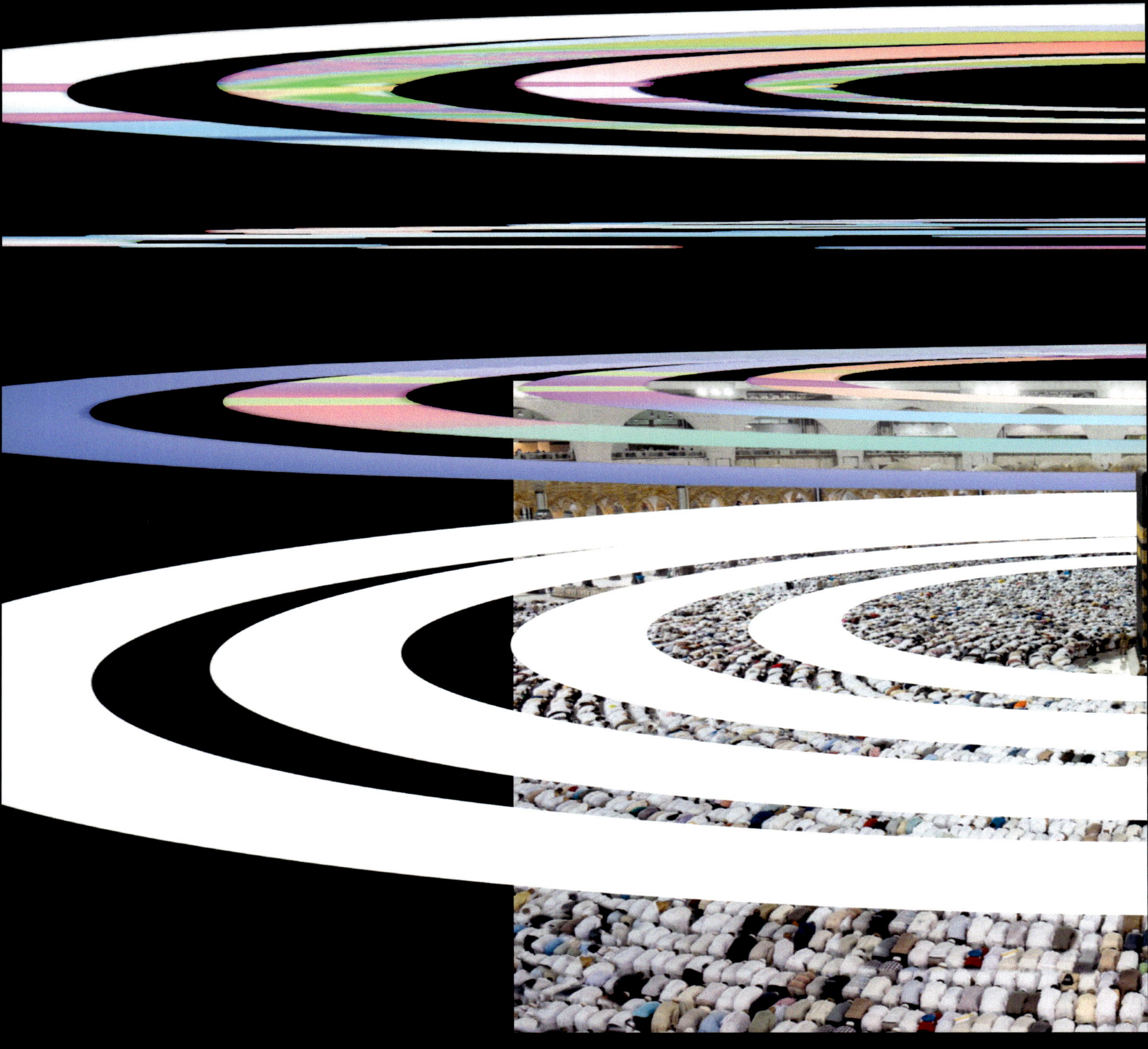

 **Mecca, Saudi Arabia**

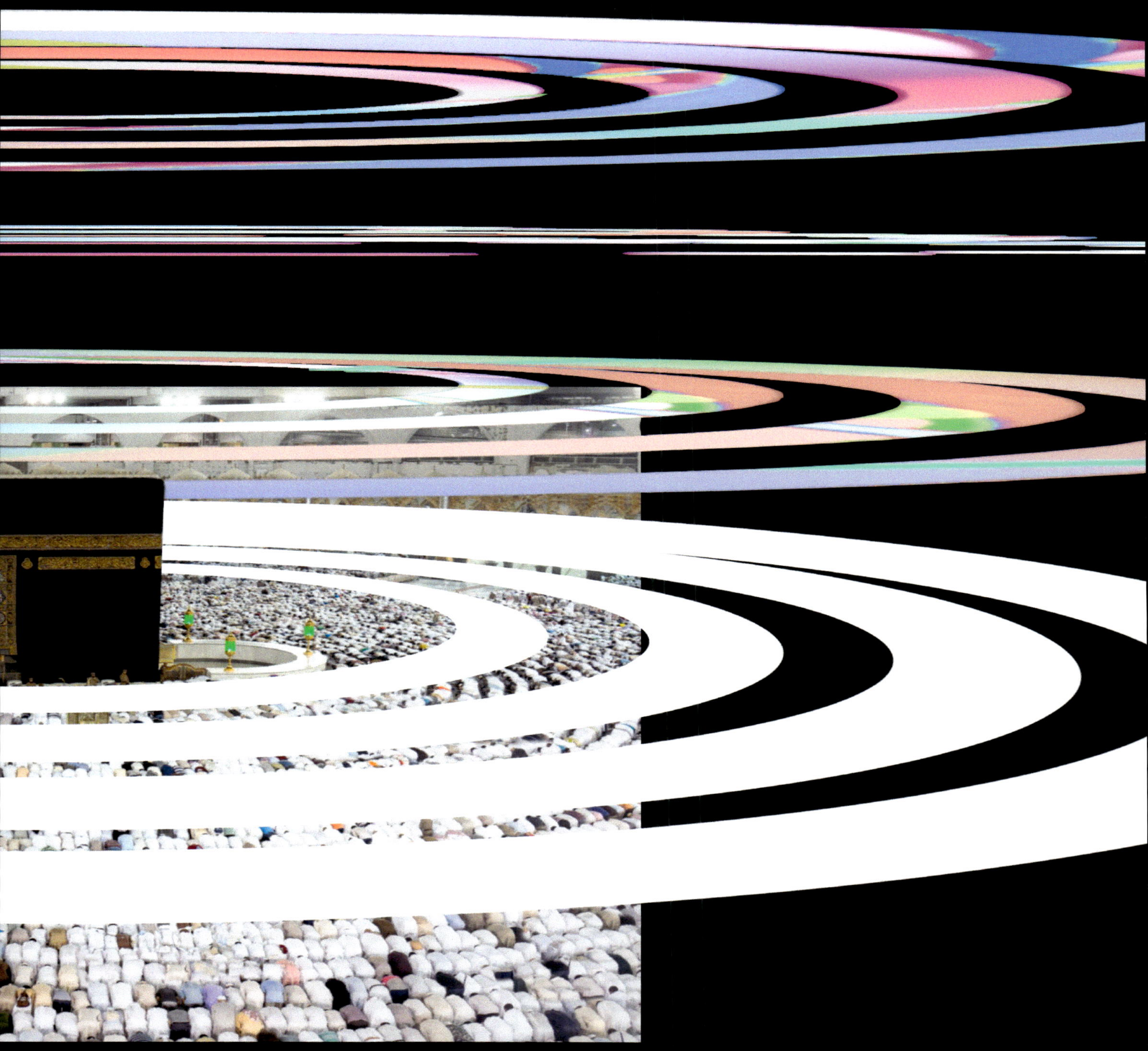

Nazca Lines, Peru

# vergessen

forgetting lives without memory
sees beings, things --- without recognizing them
searches -- without understanding
everything began --- no one knows why

 Nino and Ali Statue, Batumi, Georgia

Nazca Linien, Peru

Vergessen lebt ohne Erinnerung
sieht Wesen, Dinge --- ohne sie zu erkennen
sucht -- ohne zu verstehen
alles begann --- warum weiß keiner mehr

Nino und Ali Statue, Batumi, Georgien

 **Nino and Ali Statue, Batumi, Georgia**

Nino und Ali Statue, Batumi, Georgien

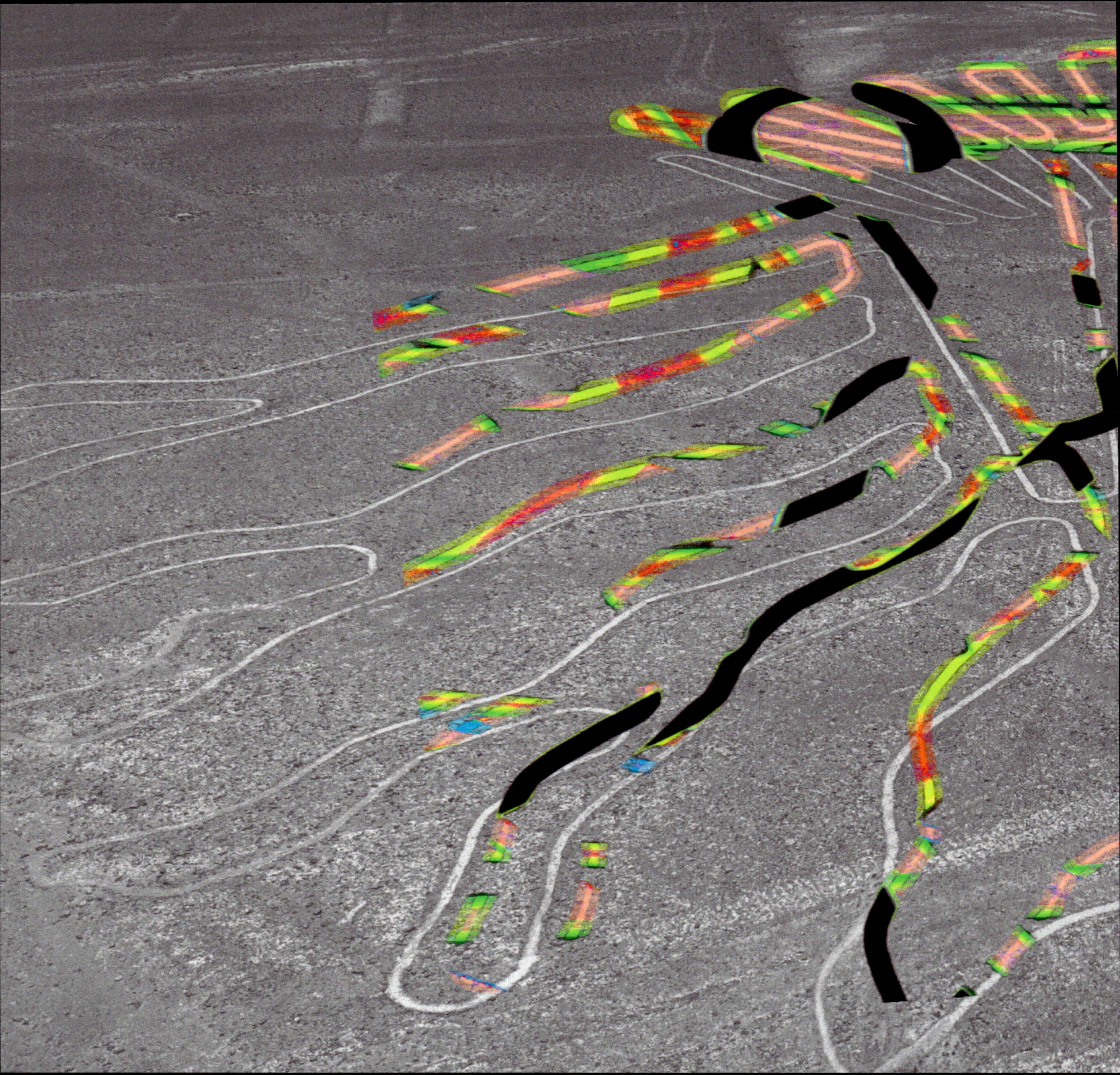

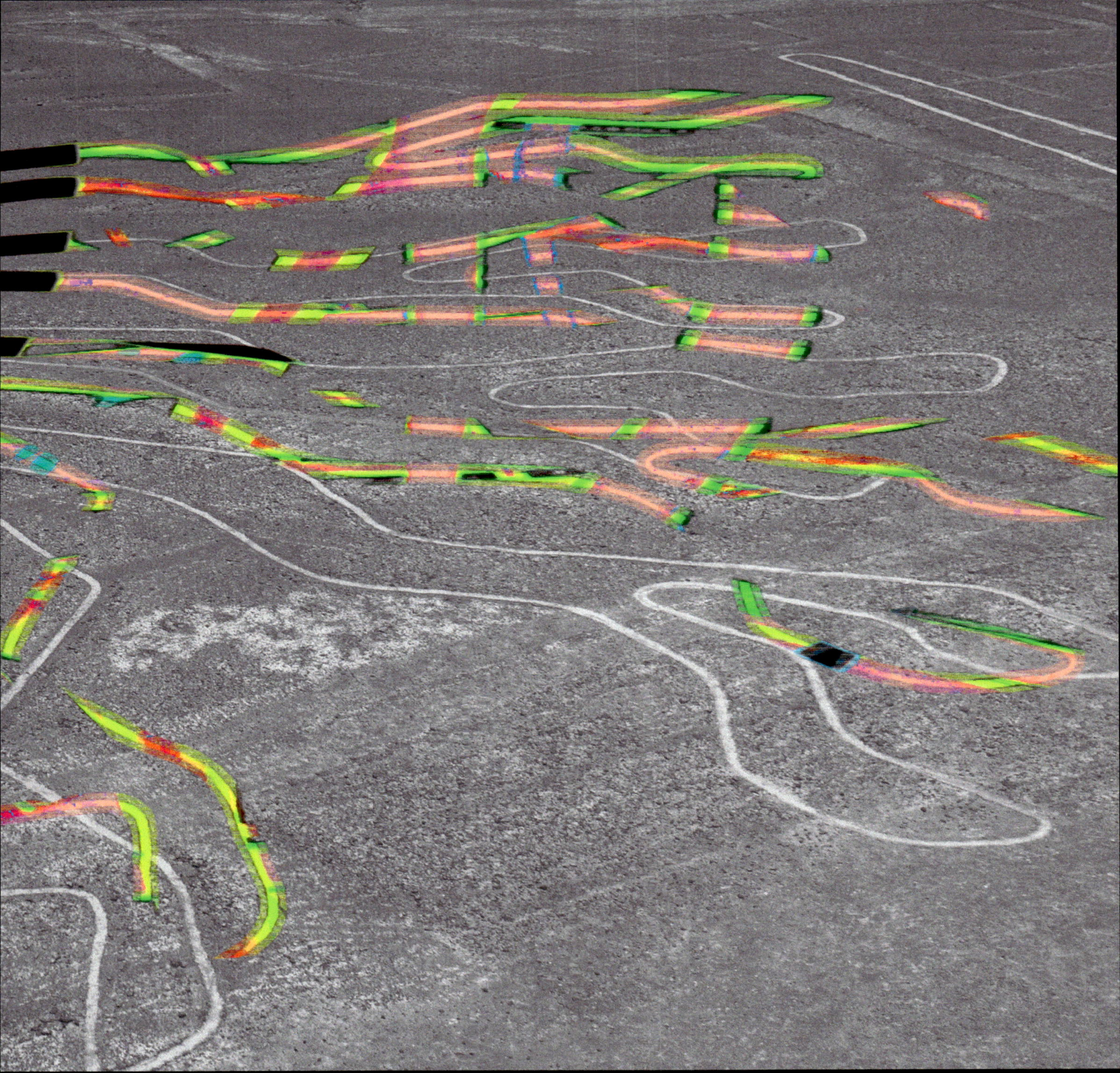

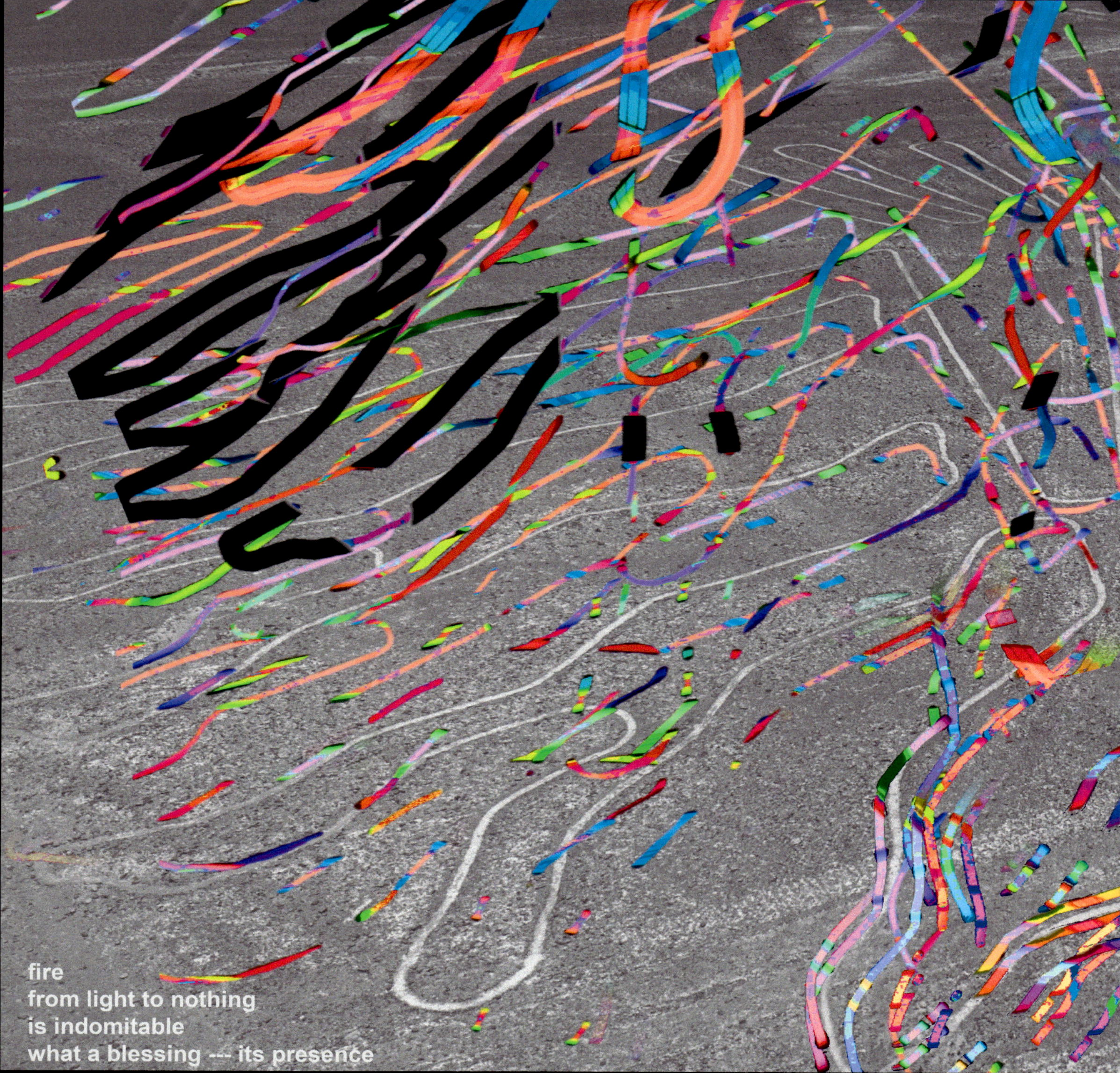

fire
from light to nothing
is indomitable
what a blessing --- its presence

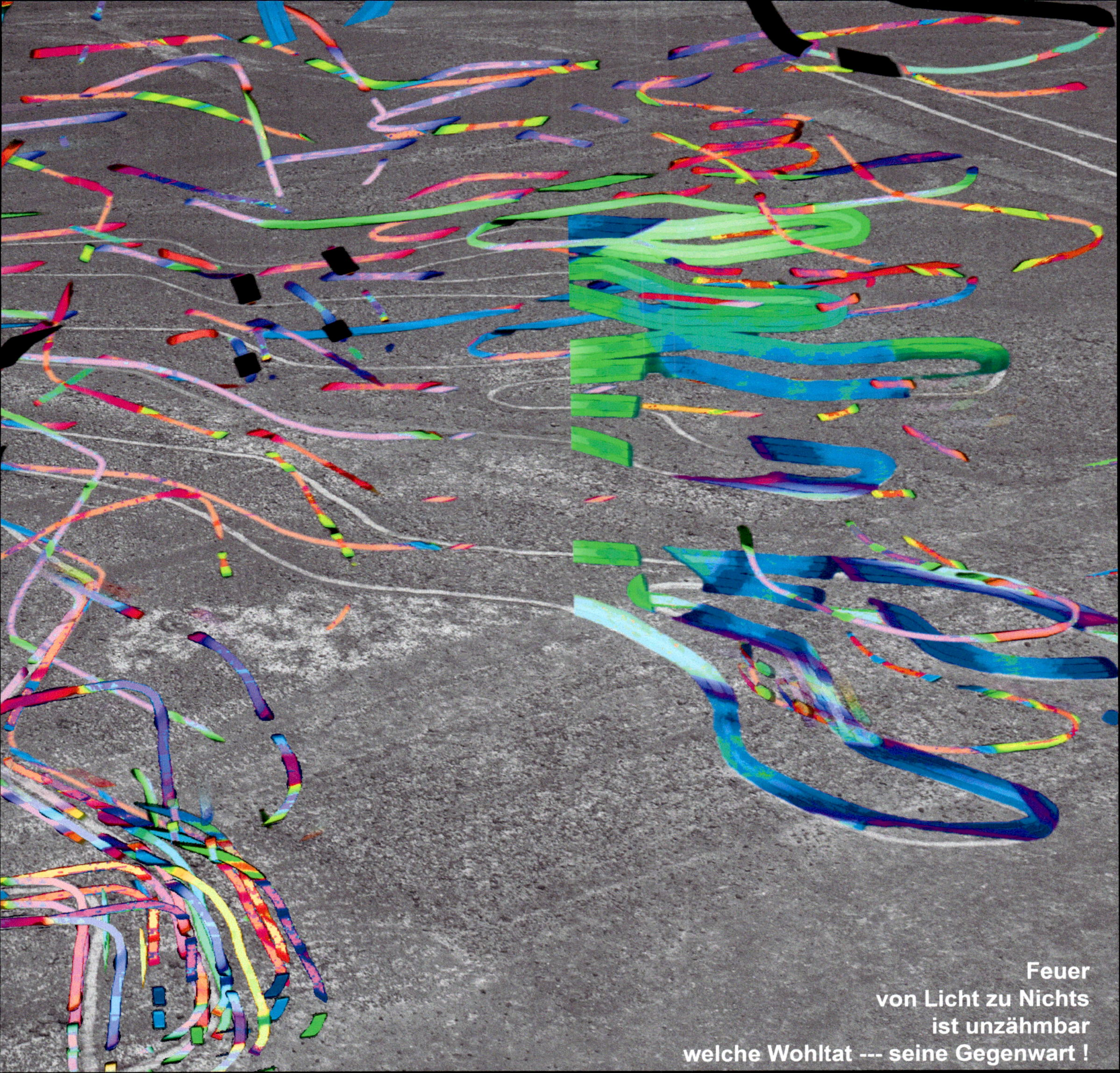

Feuer
von Licht zu Nichts
ist unzähmbar
welche Wohltat --- seine Gegenwart !

Laki Crater, Iceland

# Ekstase

in the City of Ecstasy
everyone carries ecstasy within
but to kindle its glow within
is the matter for everyone!



Sema Ceremony, Dervish Dancing, Turkey

Laki Spalte, Island

in der Stadt der Ekstase
trägt jeder Ekstase in sich
ob er ihr Leuchten in sich entfacht
ist eines jeden Sach' !

leuchten

Sema Zeremonie, Tanz der Derwische, Türkei

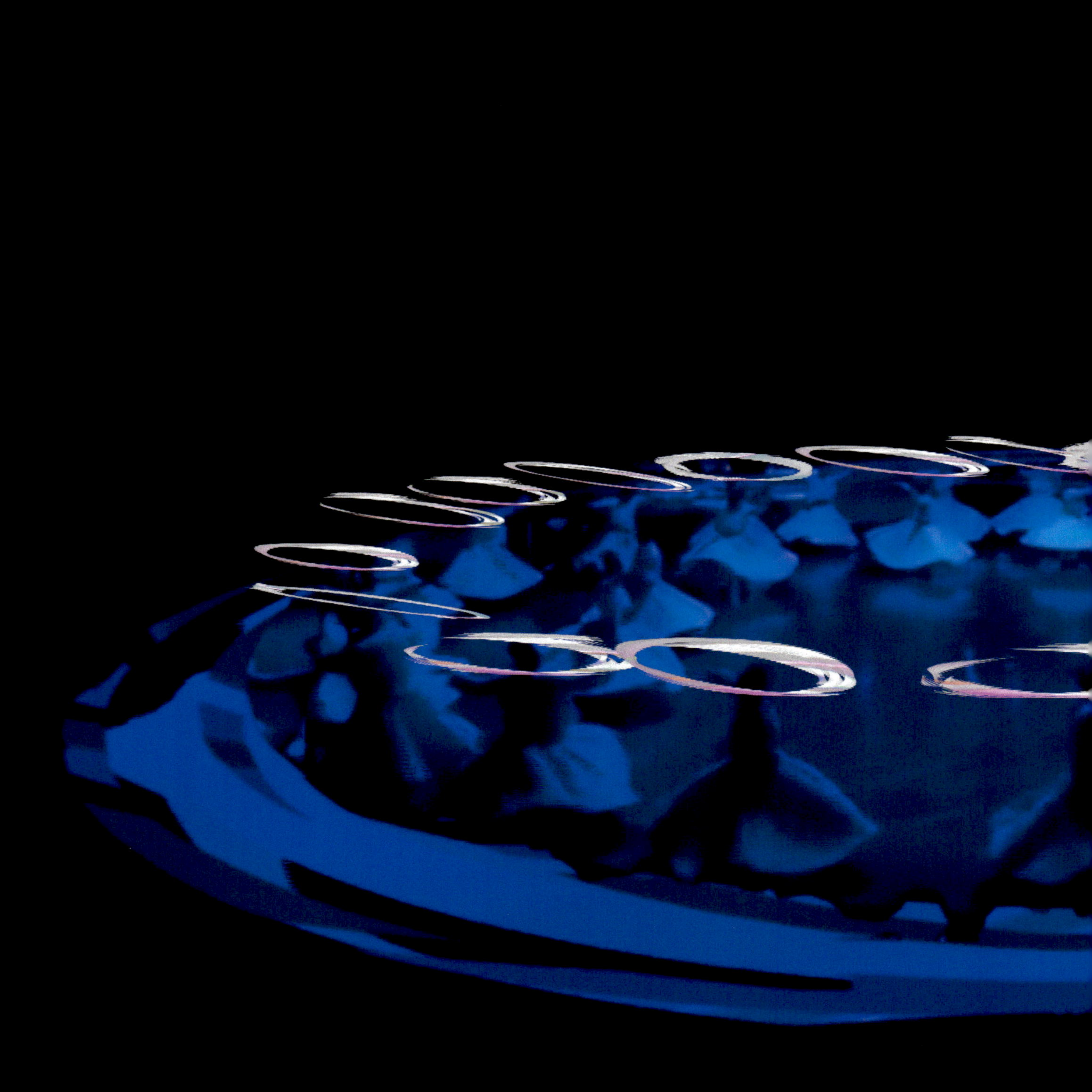

16 Sema Ceremony, Dervish Dancing, Turkey

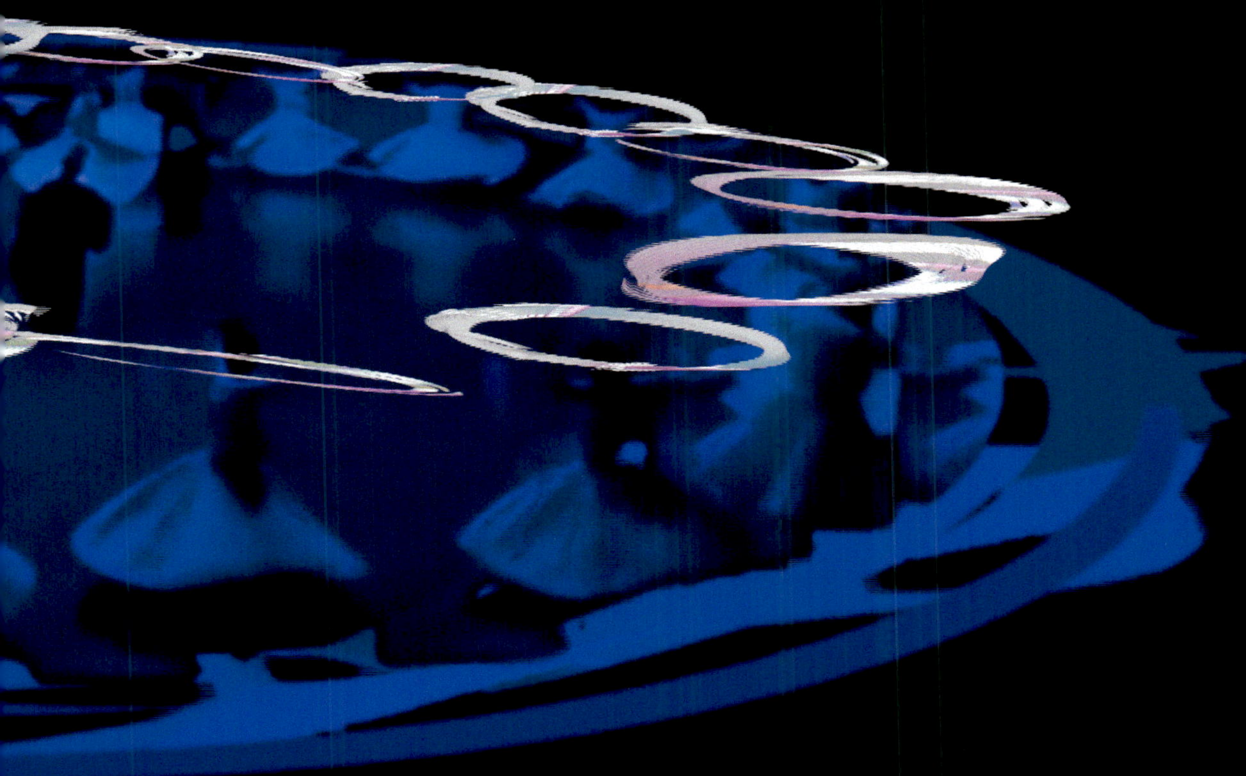

Sema Zeremonie, Tanz der Derwische, Türkei

 Sema Ceremony, Dervish Dancing, Turkey

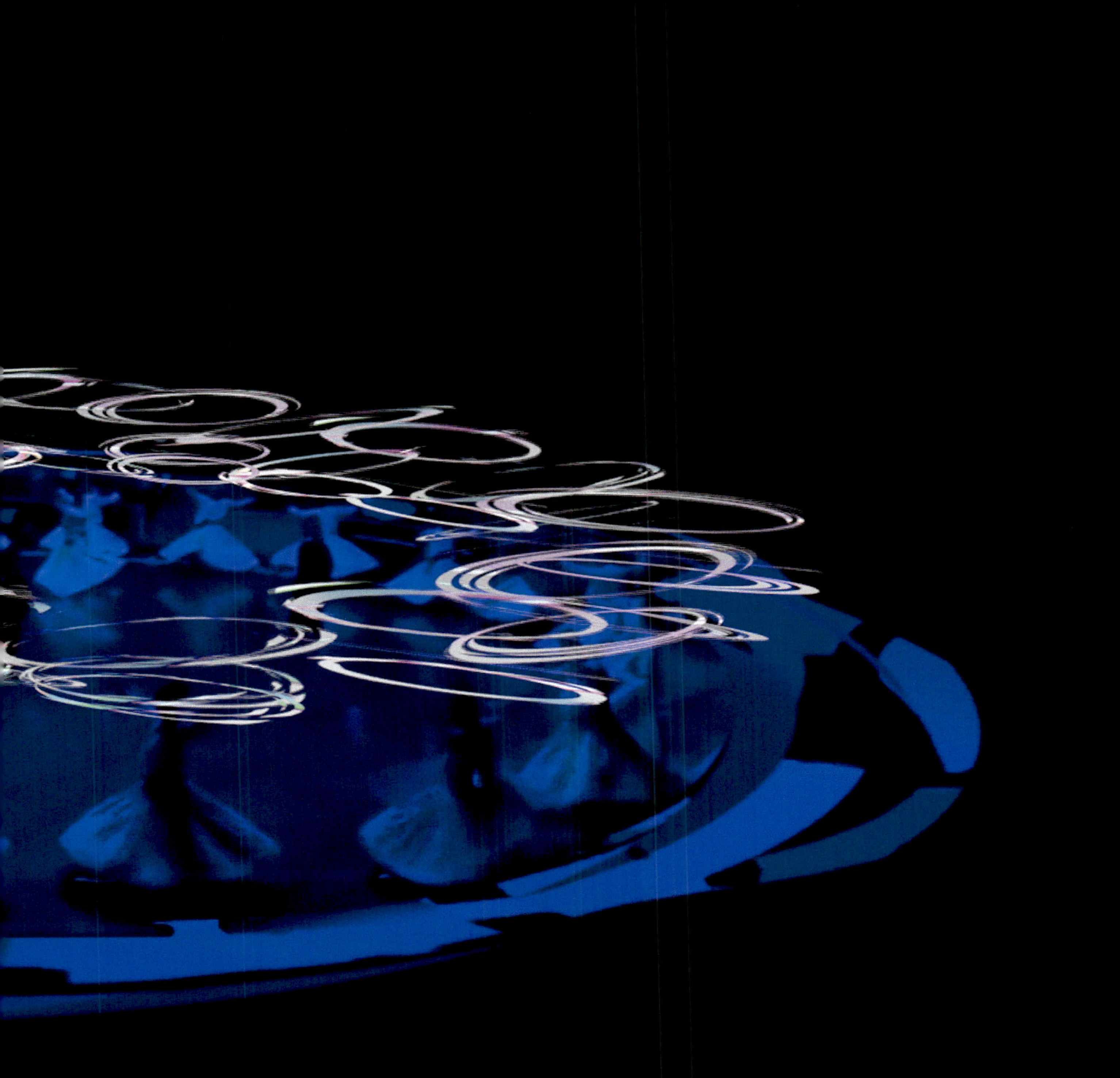

Sema Zeremonie, Tanz der  Derwische, Türkei 

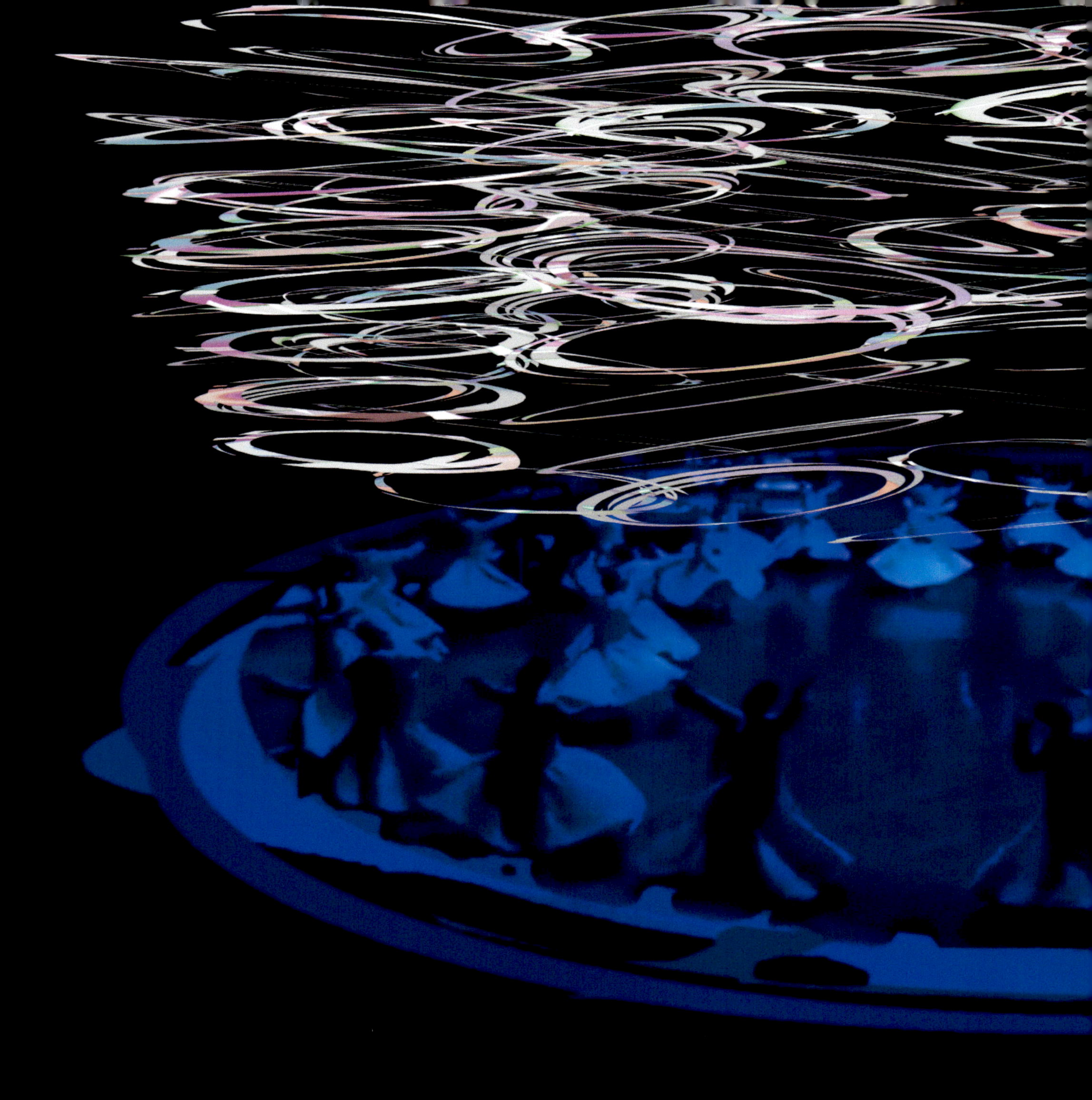

0 Sema Ceremony, Dervish Dancing, Turkey

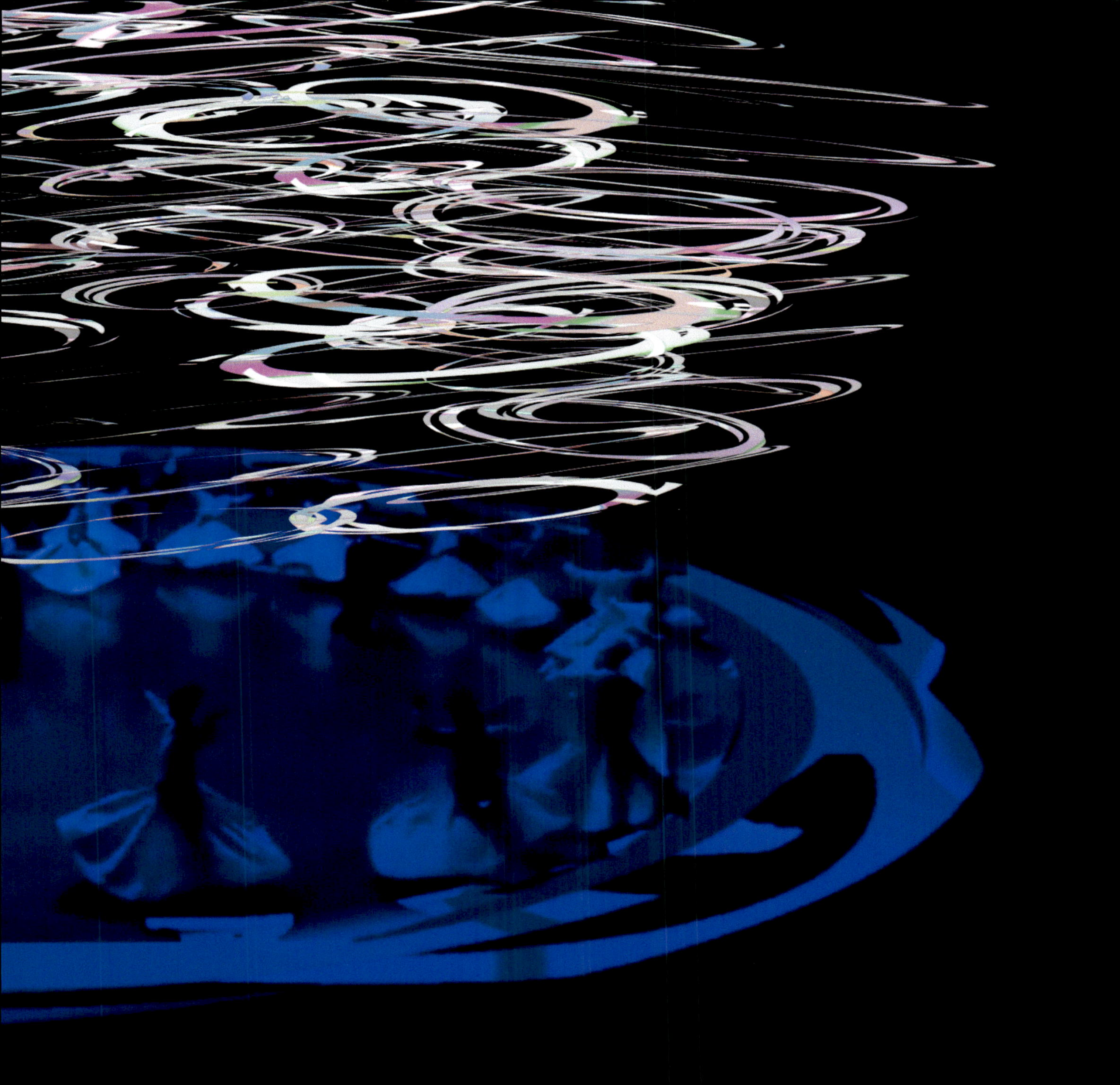

Sema Zeremonie, Tanz der Derwische, Türkei

# gold

**when light opens up**
**CölinBlueRedGold shoots out**
**flying like a bird**
**CölinBlueRedGold through and through**

 **Laki Crater, Iceland**

wenn Licht sich öffnet
schießt CölinBlauRotGold hervor
fliegt einem Vogel gleich
CölinBlauRotGold durch und durch

Laki Spalte, Island

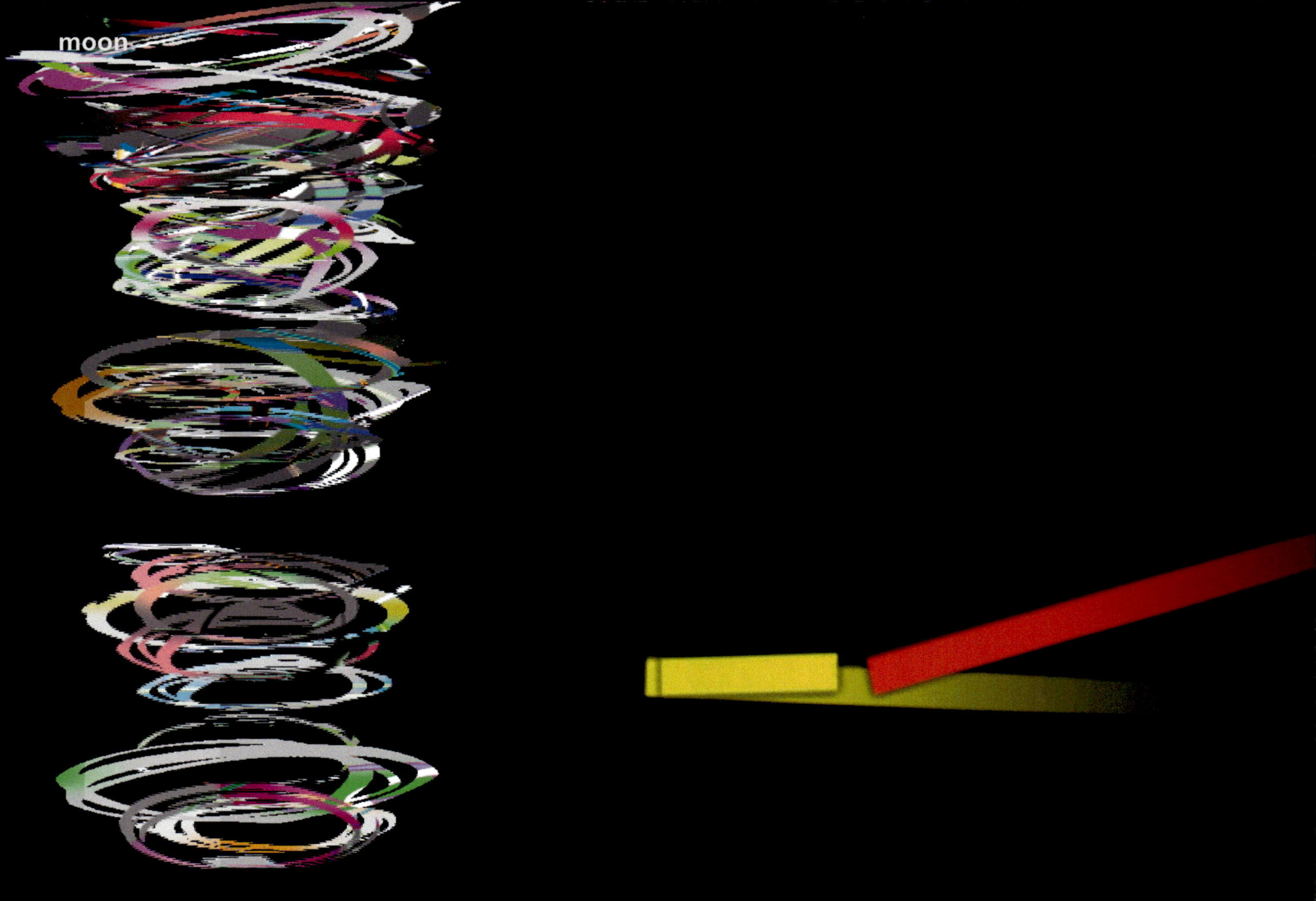


# islands Lichtermeer

**dreams**
**are like islands in a sea of light --- beyond time**
**when you are within --- you forget everything**

**Träume**
**sind wie Inseln im Lichtermeer --- jenseits der Zeit**
**bist du in ihnen --- vergisst du alles**

 **stone circle, Evora, Portugal**

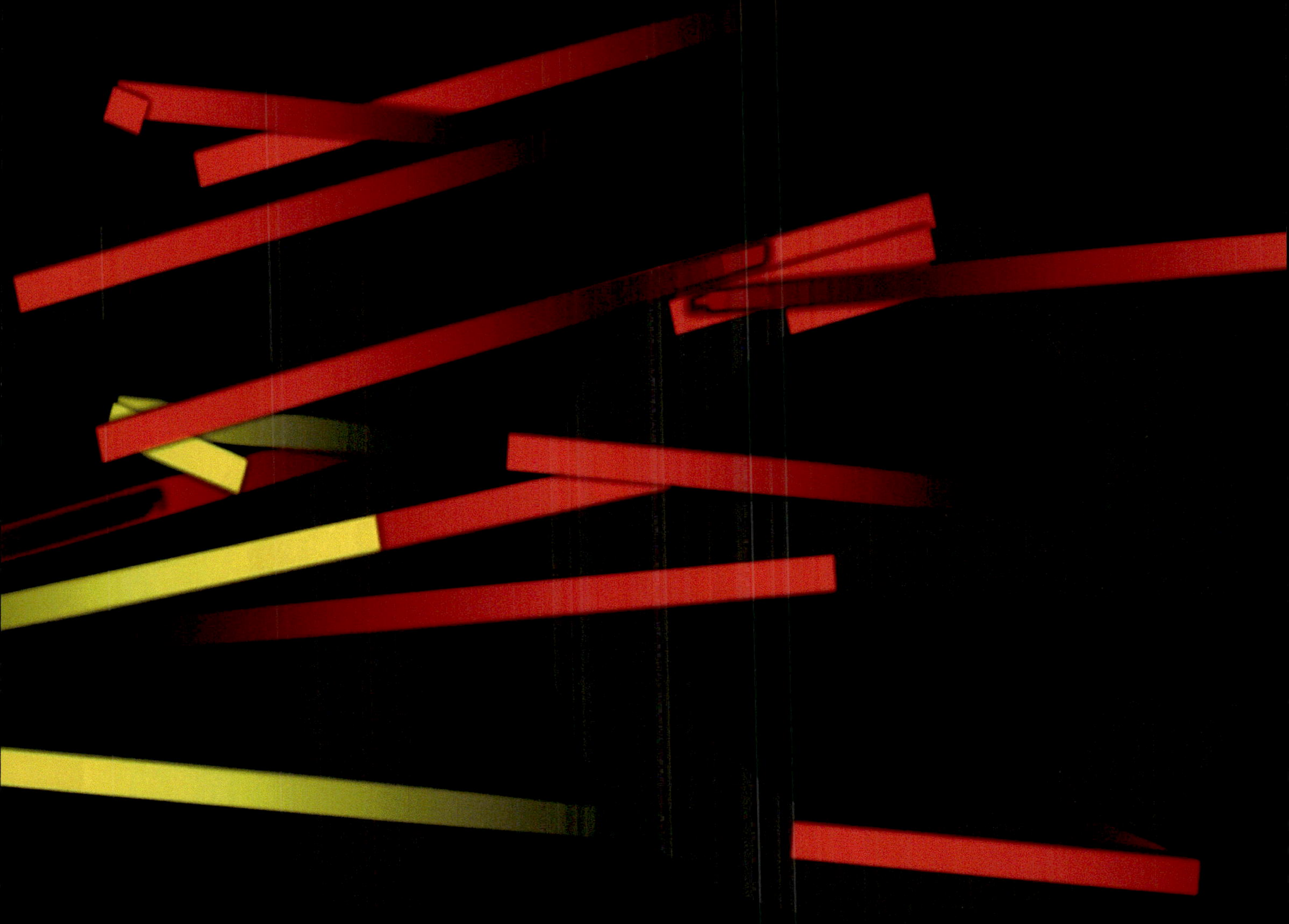

Steinkreis, Evora, Portugal

56 **stone circle, Evora, Portugal**

 stone circle, Evora, Portugal

Steinkreis, Evora, Portugal

**stone circle, Evora, Portugal**

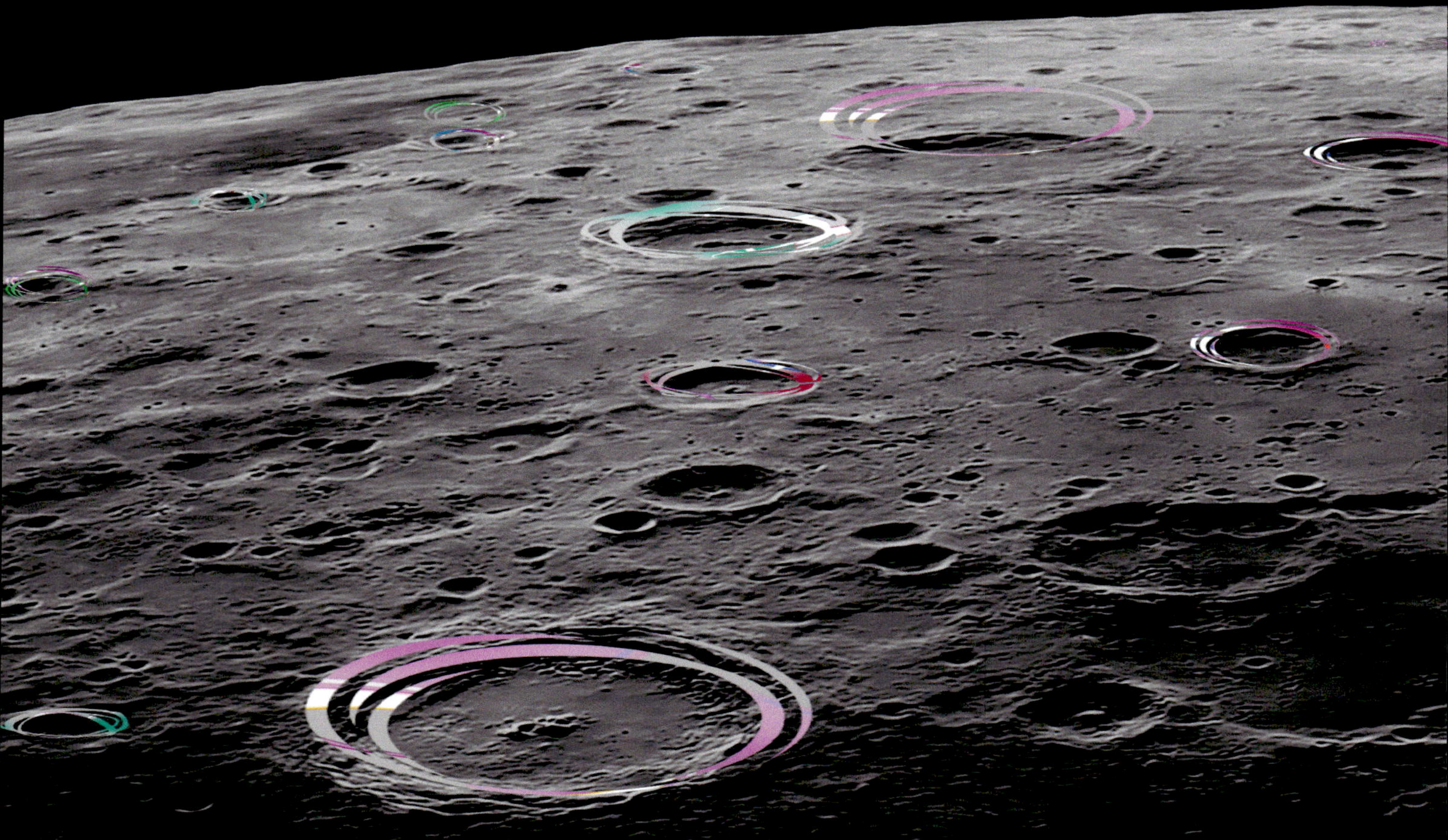

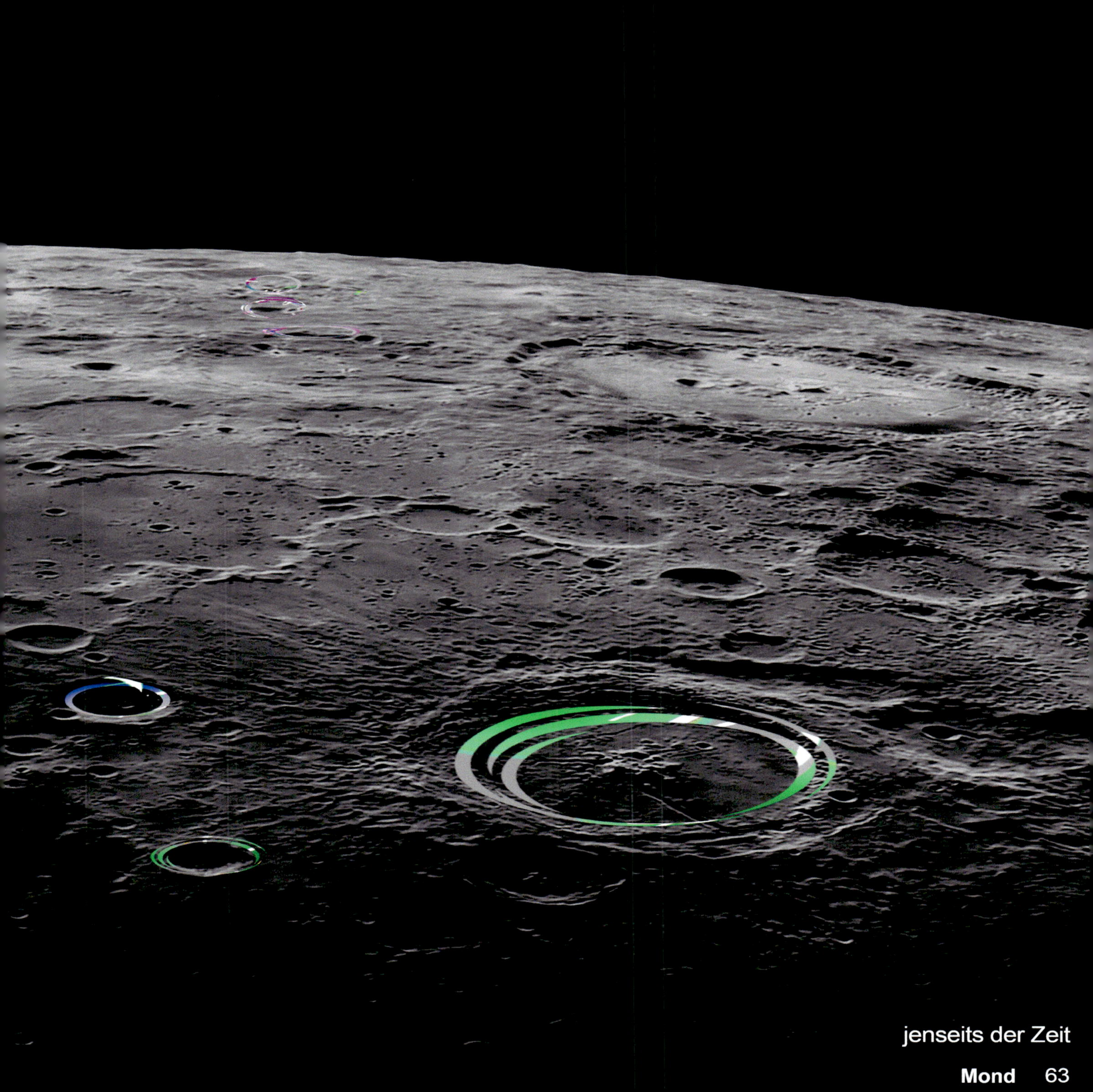

jenseits der Zeit

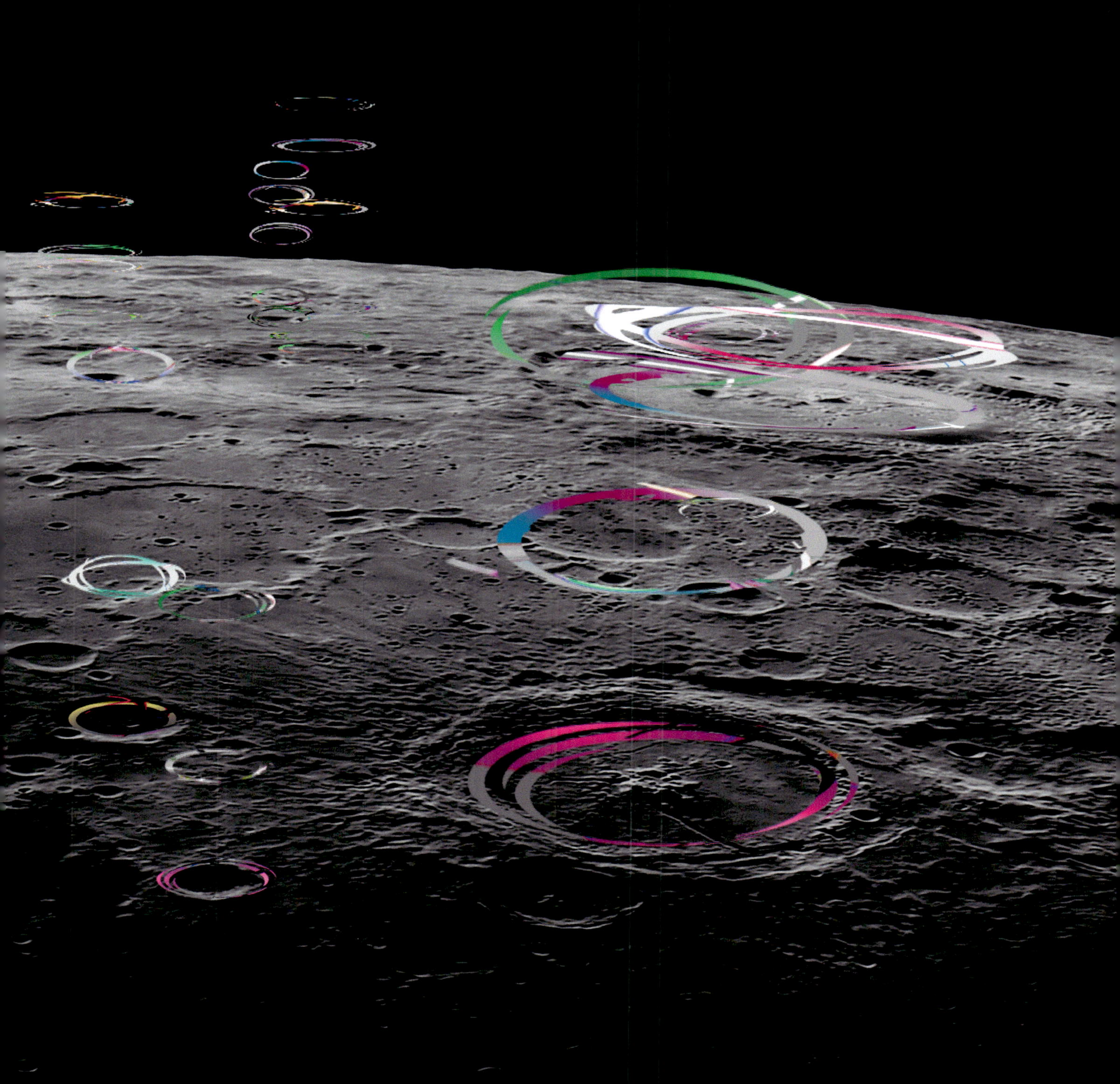

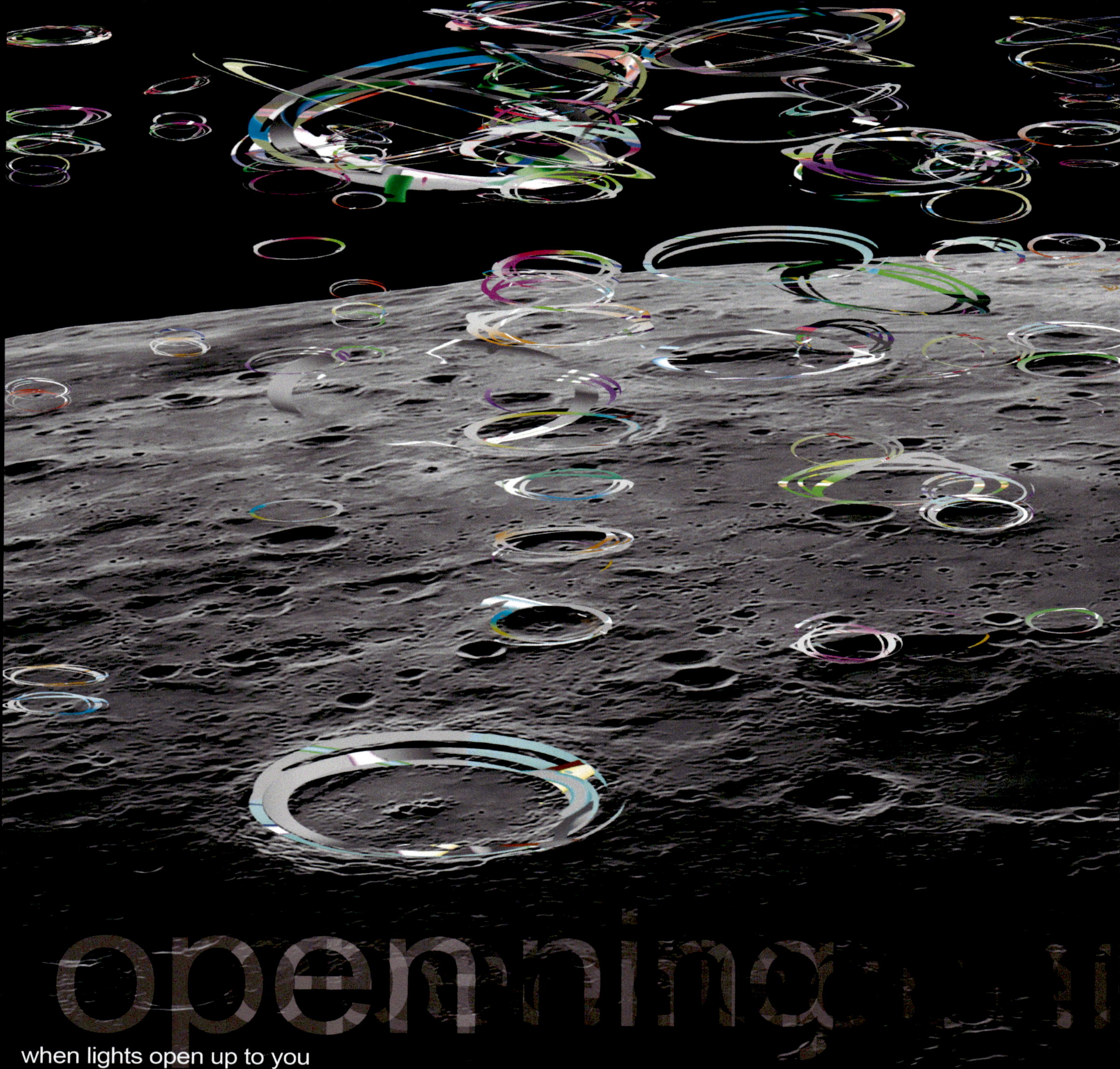
open
when lights open up to you

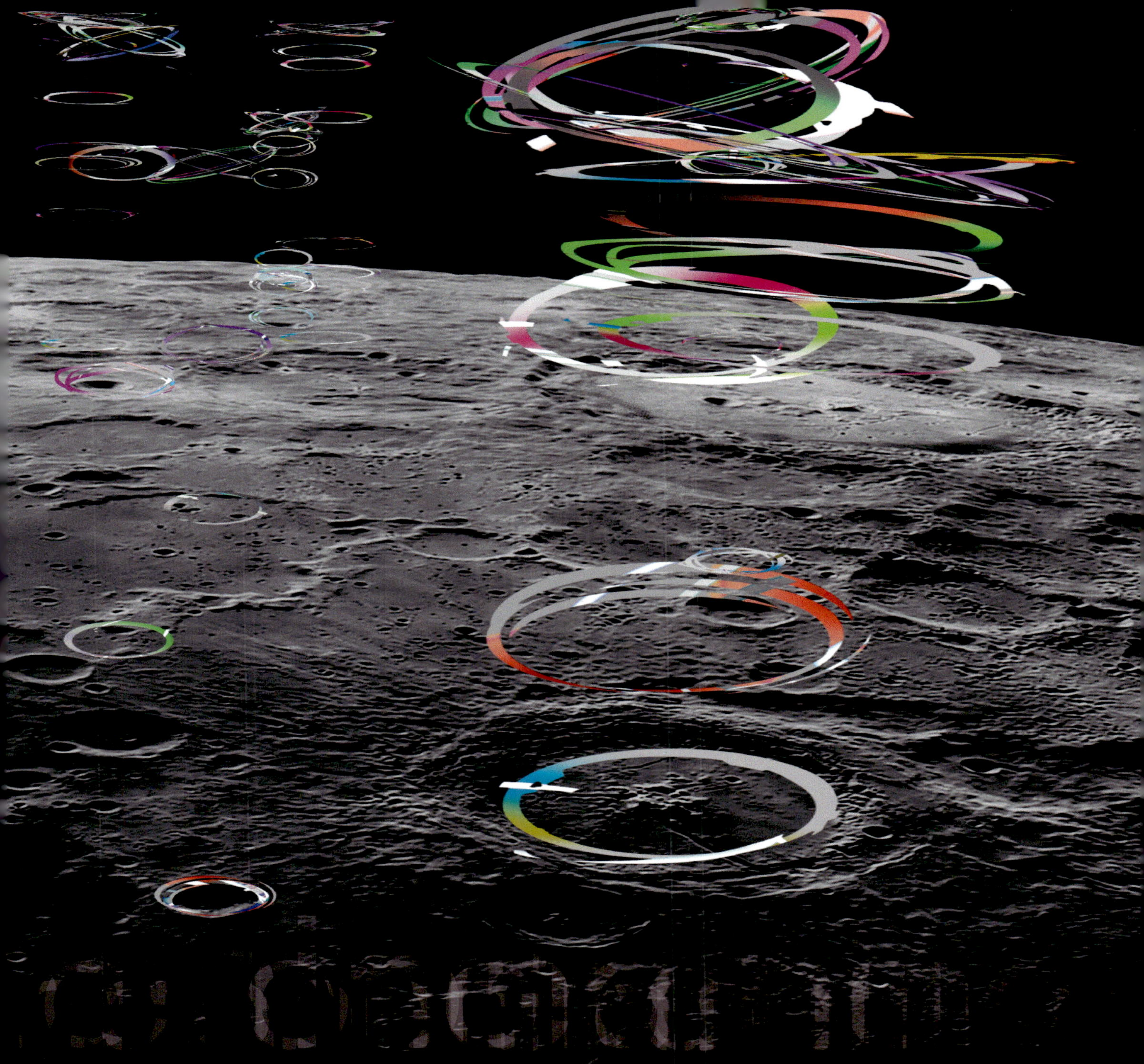

wenn Licht sich öffnet

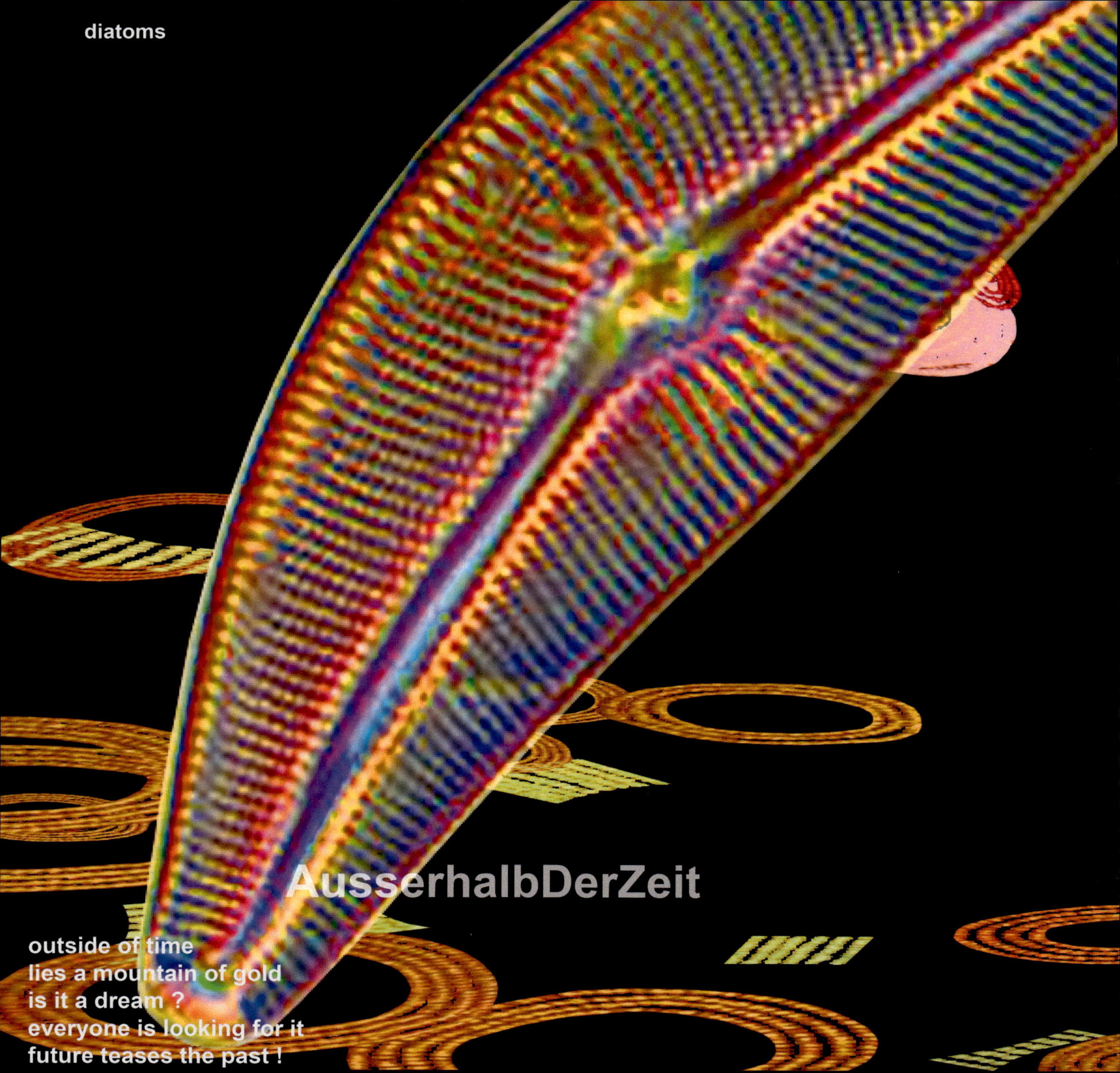

## AusserhalbDerZeit

outside of time
lies a mountain of gold
is it a dream ?
everyone is looking for it
future teases the past !

future teases the past !

AusserhalbDerZeit
liegt ein Berg aus Gold
ist er ein Traum ?
alle suchen nach ihm
Zukunft neckt Vergangenheit !

 Ayers Rock, Uluru, Australia

Ayers Rock, Uluru, Australien

 Ayers Rock, Uluru, Australia

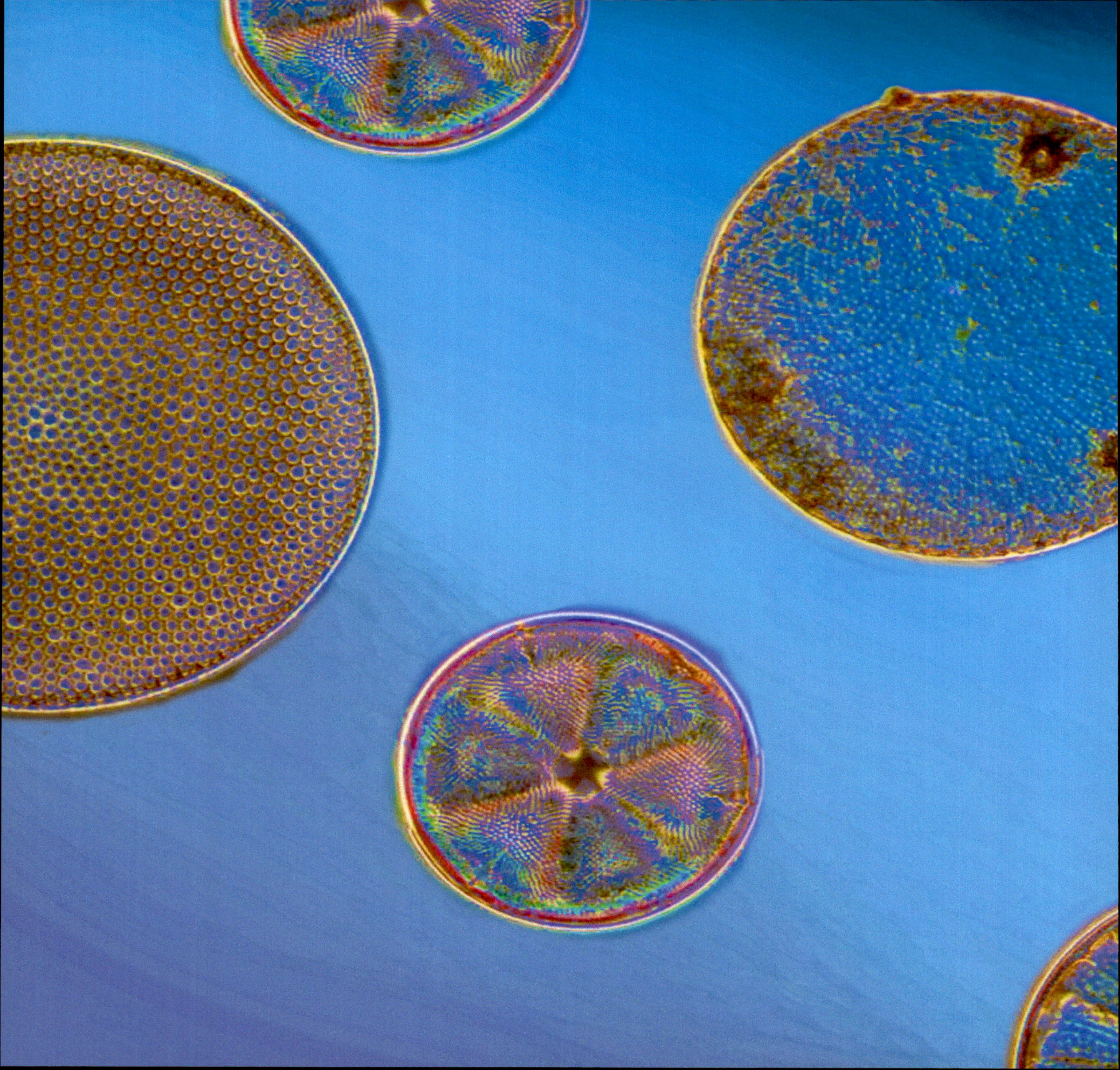

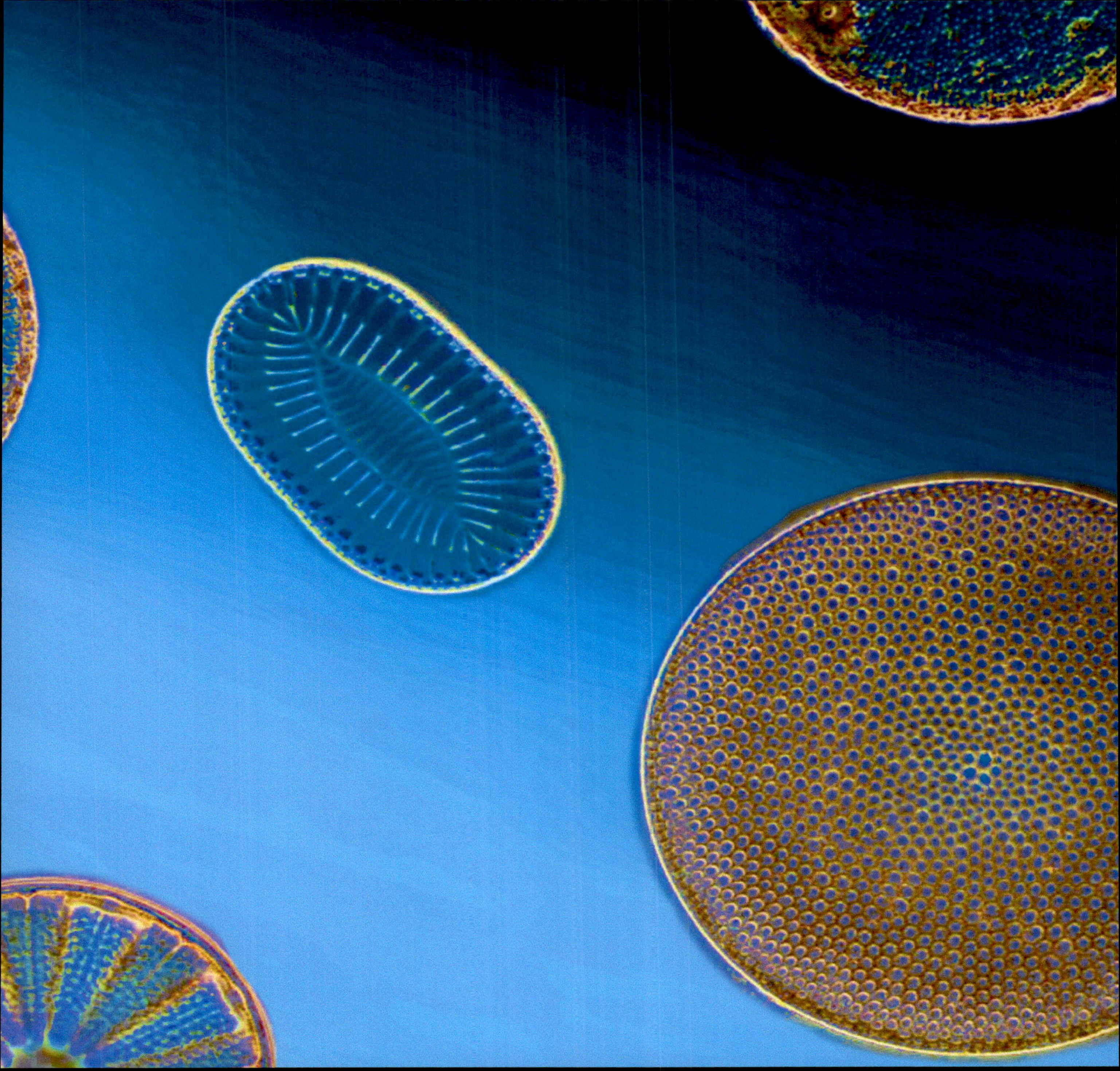

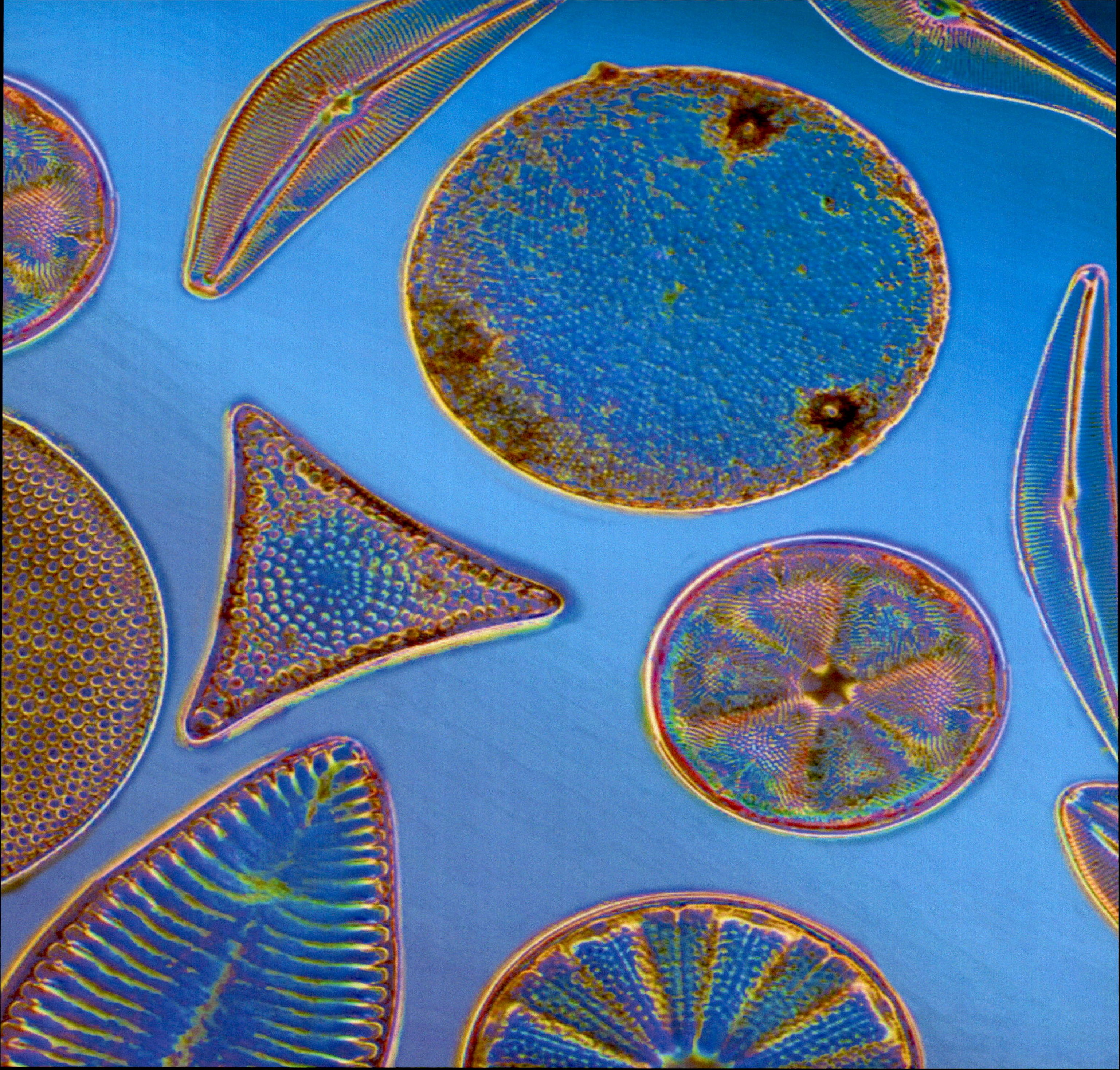

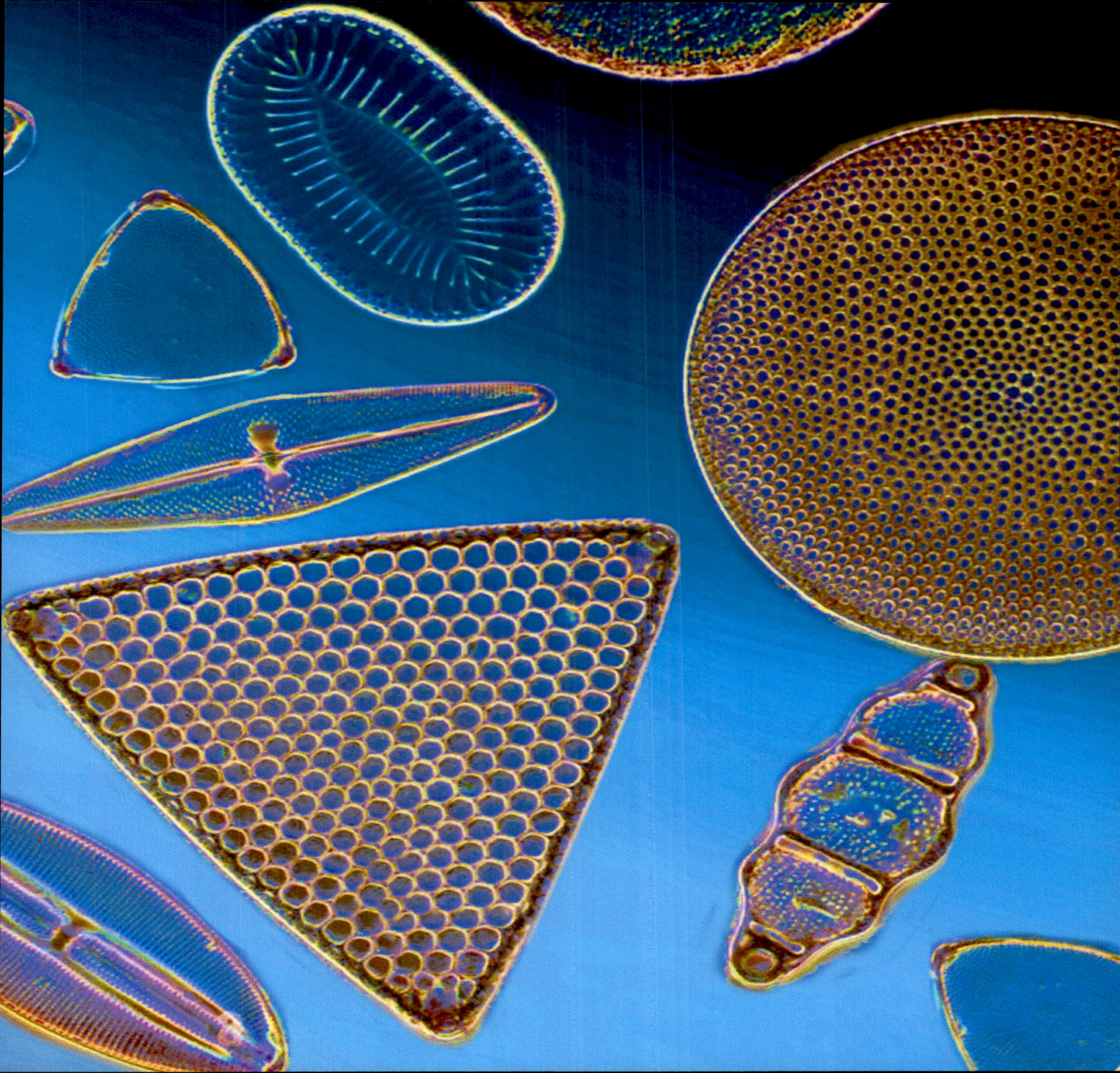

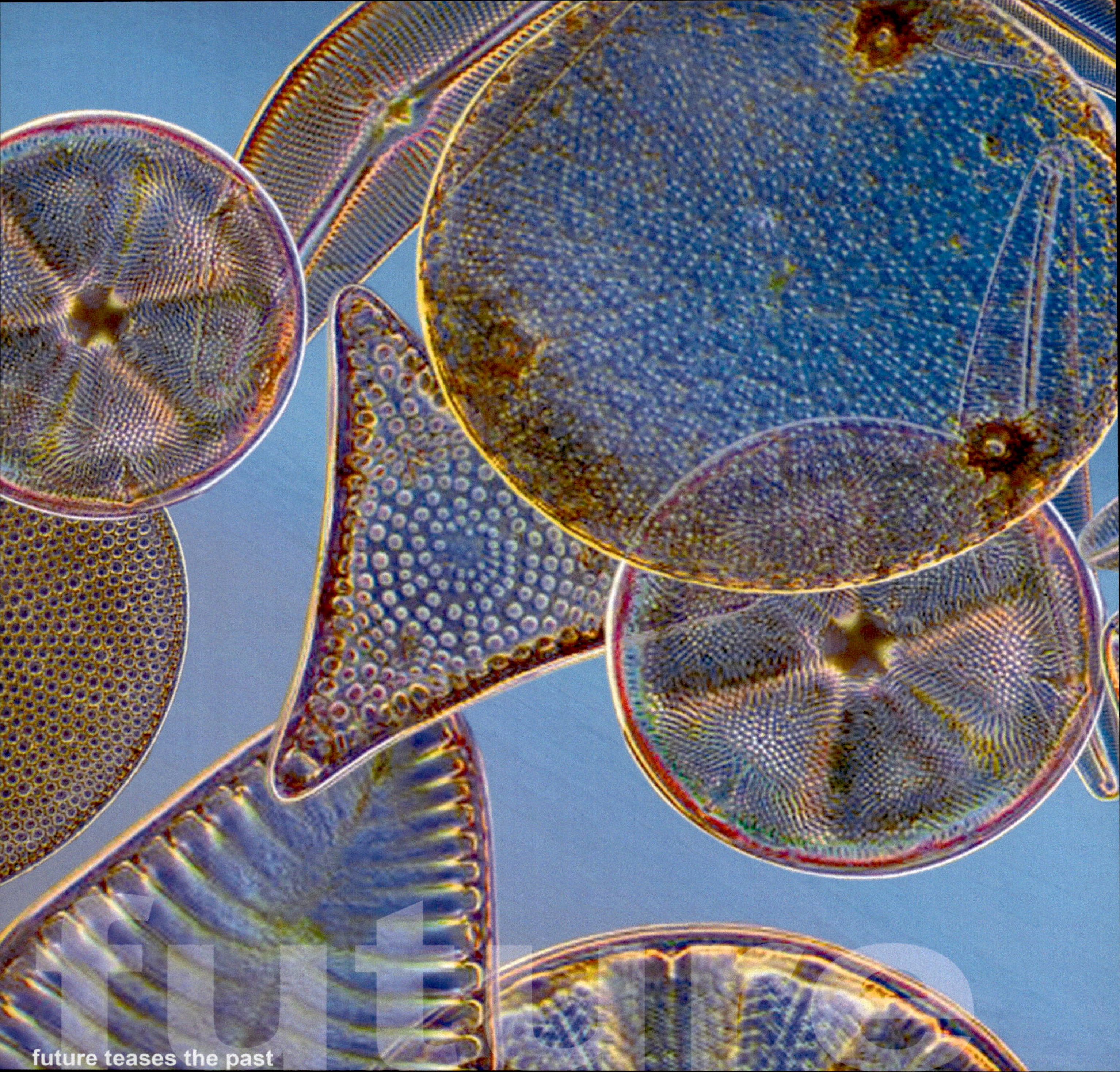


future teases the past

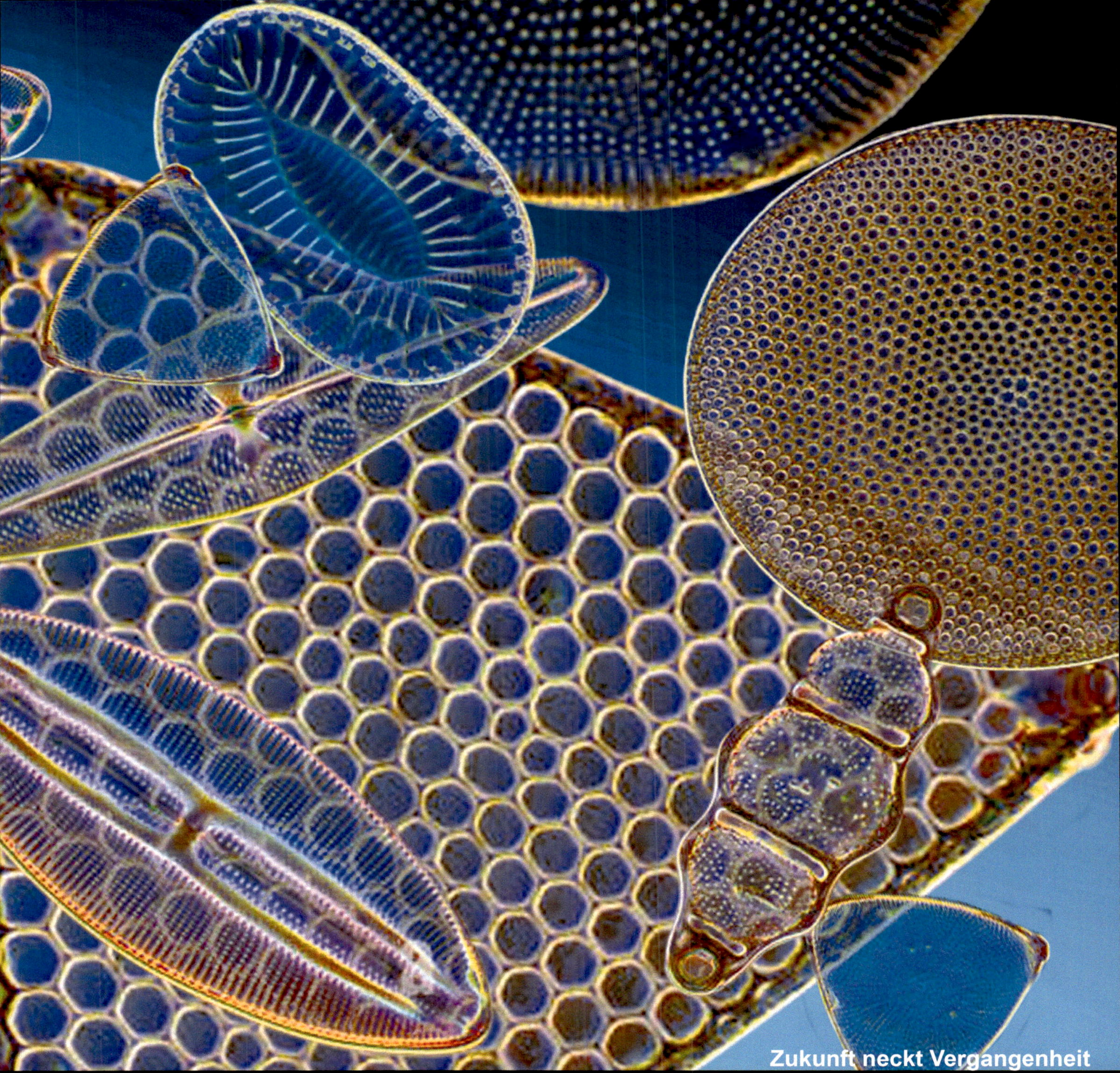
Zukunft neckt Vergangenheit

Ngorongoro Crater, Tanzania

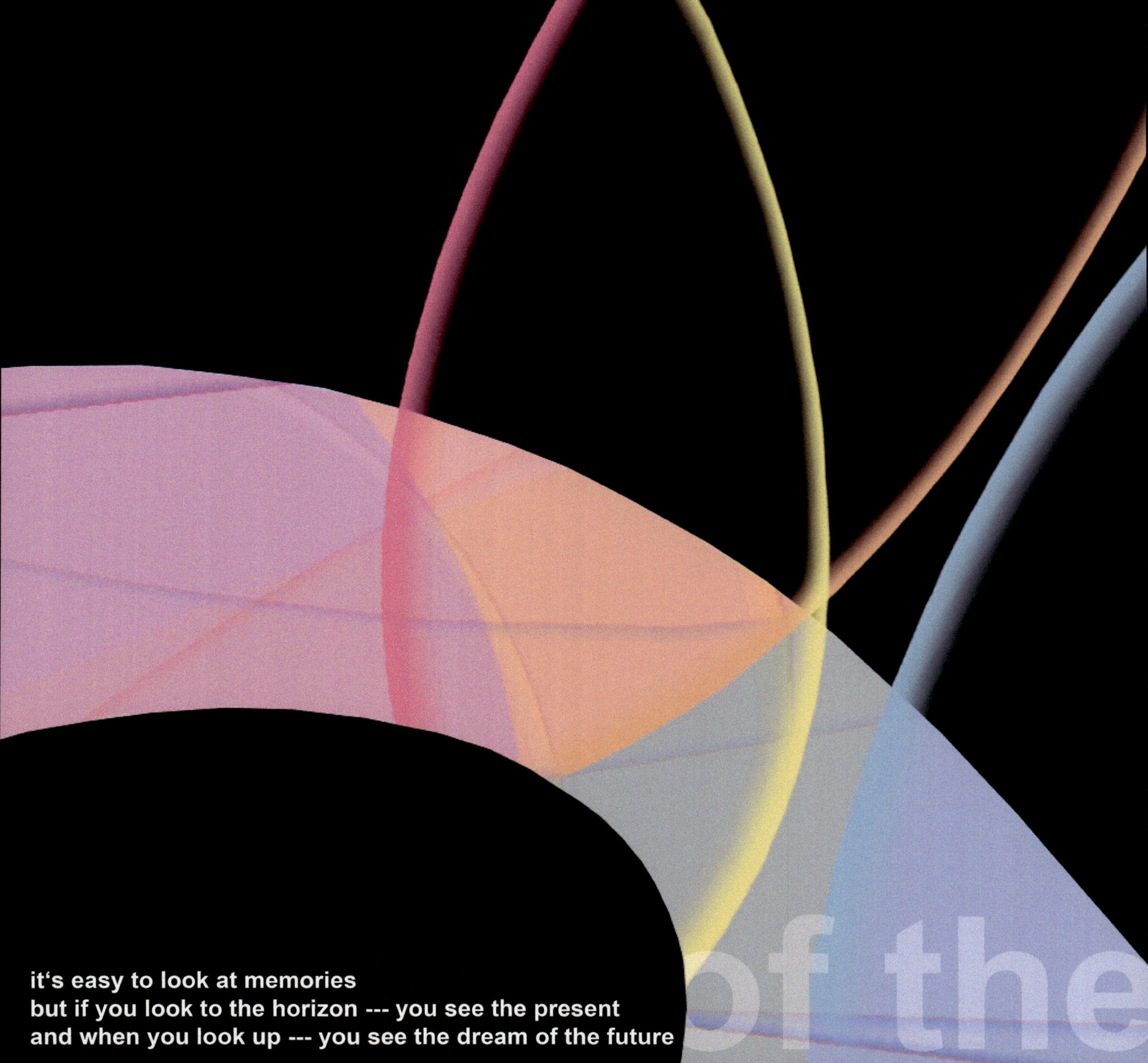


it's easy to look at memories
but if you look to the horizon --- you see the present
and when you look up --- you see the dream of the future

 Vinicunca, Rainbow Mountain, Peru

Ngorongoro Krater, Tansania

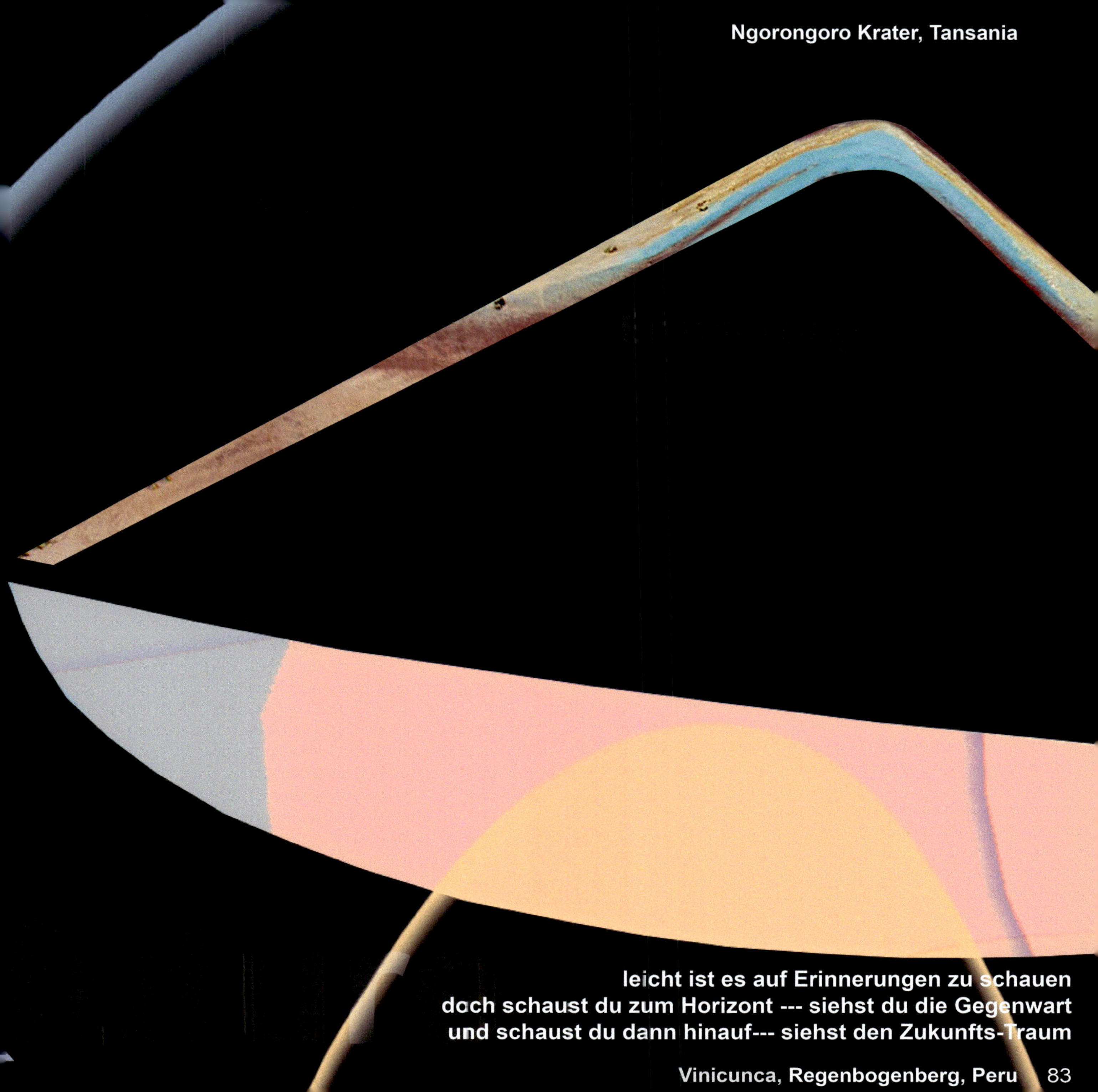

leicht ist es auf Erinnerungen zu schauen
doch schaust du zum Horizont --- siehst du die Gegenwart
und schaust du dann hinauf--- siehst den Zukunfts-Traum

Vinicunca, Regenbogenberg, Peru

 Vinicunca, Rainbow Mountain, Peru

 Vinicunca, Rainbow Mountain, Peru

schaust du dann hinauf--- siehst den Zukunfts-Traum

Vinicunca, Regenbogenberg, Peru

## Gegenwart

all you see are dances of memory
but when the present awakens you
it‘s like warming light for the first time

 Ngorongoro Crater, Tanzania

## Erinnerung

alles was du siehst sind Tänze der Erinnerung
doch weckt dich Gegenwart
dann ist's als wärmte dich Licht zum ersten Mal

Ngorongoro Krater, Tansania

 Ngorongoro Crater, Tanzania

schaust du zum Horizont --- siehst du die Gegenwart

tide, Amrum, Germany

# Weg

if you are drawn to undiscovered worlds
follow your impulse

most of the time the path is not straight --- but crooked
..........but be careful
once on the path --- there is no turning back
only death --- if you go back !

Flut, Amrum, Deutschland

Tod

**falls es dich zieht in Unentdeckte Welten**
**folge deinem Impuls**

**zumeist ist der Weg nicht grad‘ --- sondern krumm**
**.........doch gib‘ acht**
**einmal auf dem Weg --- gibt es kein zurück**
**sondern nur den Tod --- wenn du kehrst um !**

 Mount Huangshan, China

Gelbe Berge, China

if you are drawn to undiscovered worlds

 Mount Huangshan, China

# undiscovered worlds

falls es dich zieht in Unentdeckte Welten

Gelbe Berge, China

 tide, Amrum, Germany

Flut, Amrum, Deutschland

 tide, Amrum, Germany

Flut, Amrum, Deutschland 

 tide, Amrum, Germany

Flut Amrum Deutschland 

Sistine Chapel, Rome

a cry
jumps out into space
air freezes
nothing remains
except the scream

 Vinh Ha Long, Vietnam

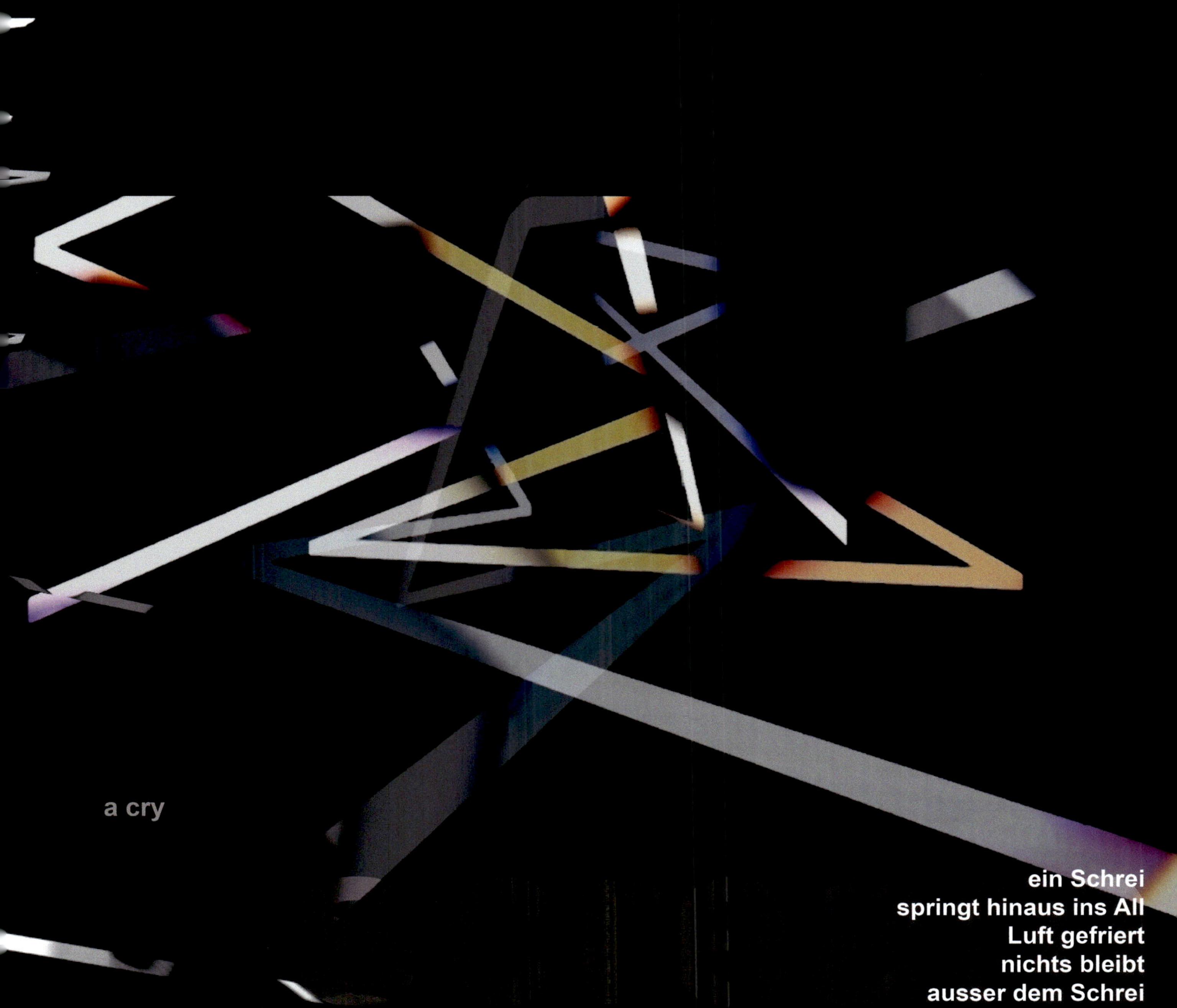

a cry

ein Schrei
springt hinaus ins All
Luft gefriert
nichts bleibt
ausser dem Schrei

Vịnh Hạ Long, Vietnam 

110 Vịnh Hạ Long, Vietnam

nothing remains

nichts bleibt

**LIGHT !**

**Against.Darkness**
**Indomitable**
**Hell.Happiness**
**Death.Birth**
**Devastating.Power**

**LICHT !**

**Wider.Finsternis**
**Unzähmbar**
**Hölle.Glück**
**Tod.Neugeburt**
**Verwüstende.Kraft**

 **Sistine Chapel, Rome**

 **Sistine Chapel, Rome**

Sixtinische Kapelle, Rom 

## Debutante Ball, Vienna

in the morning of my life
I was looking for the wonders of the world
now I am the one watching shining spider webs.

Debütantenball, Wien

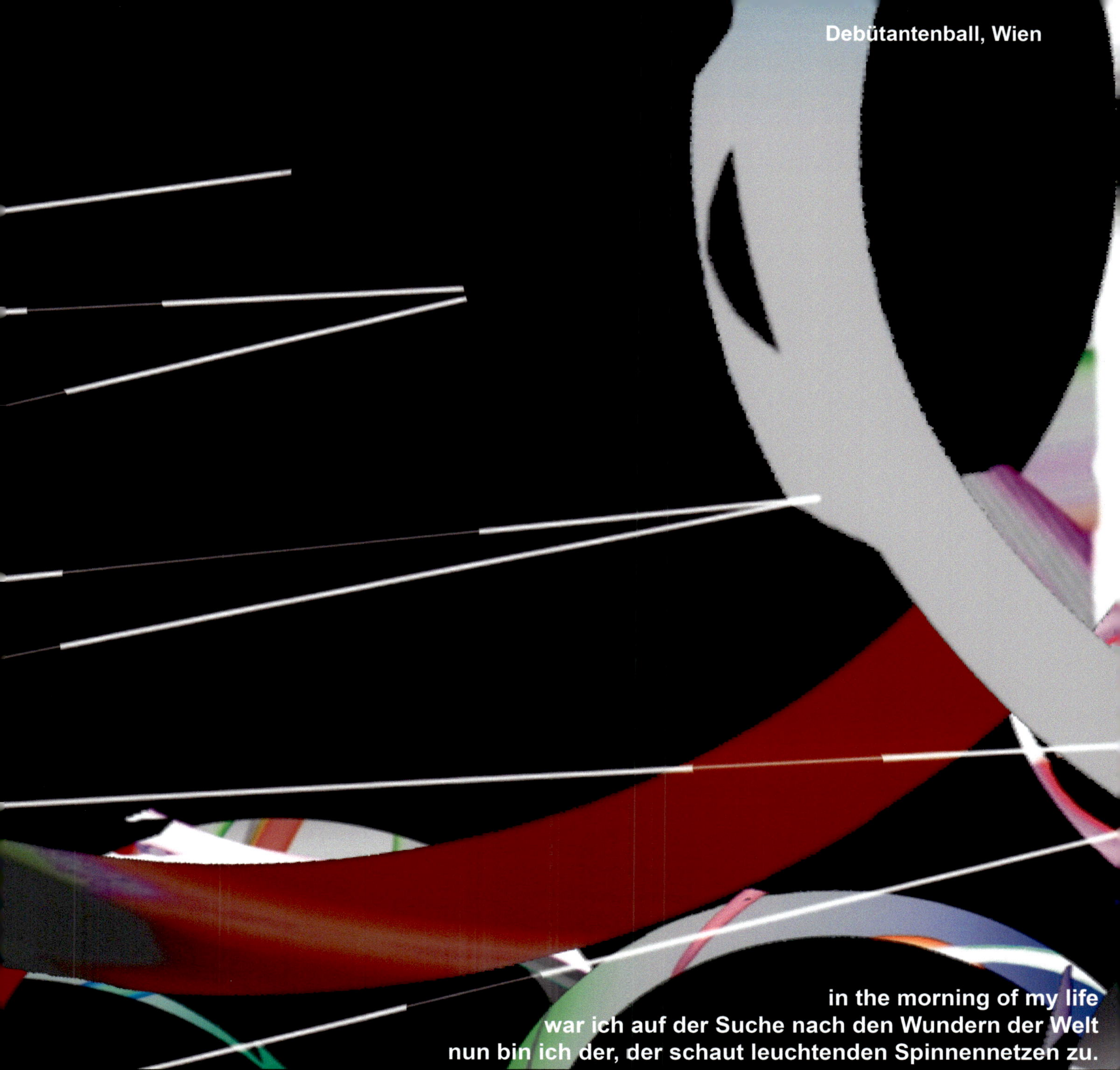

in the morning of my life
war ich auf der Suche nach den Wundern der Welt
nun bin ich der, der schaut leuchtenden Spinnennetzen zu.

 **The Creation of Adam**

126 **Debutante Ball, Vienna**

looking for the wonders of our world

auf der Suche nach den Wundern der Welt

iceberg, Antarctica

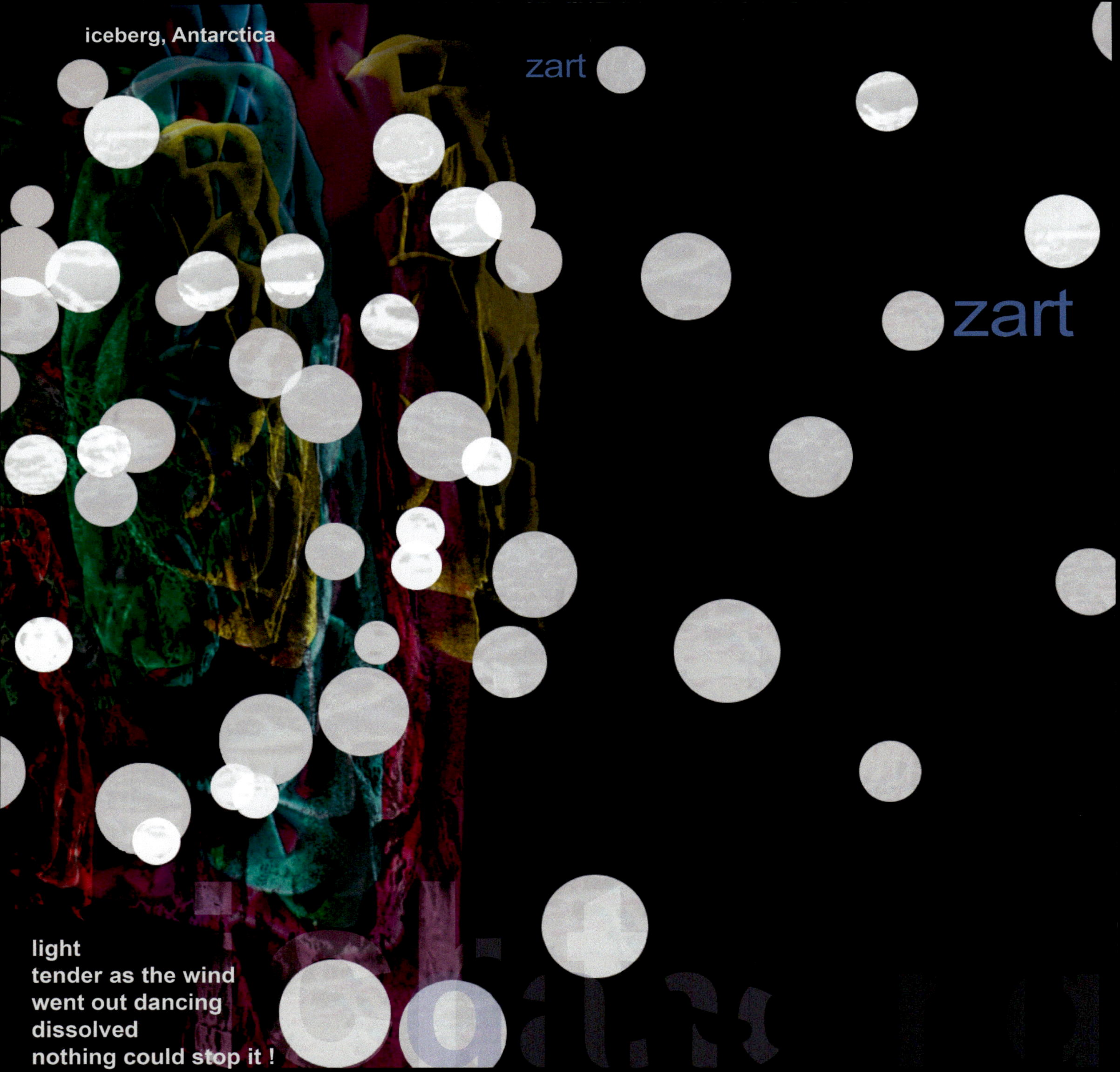


light
tender as the wind
went out dancing
dissolved
nothing could stop it !

 Viti Crater, Iceland

Eisberg, Antarktis

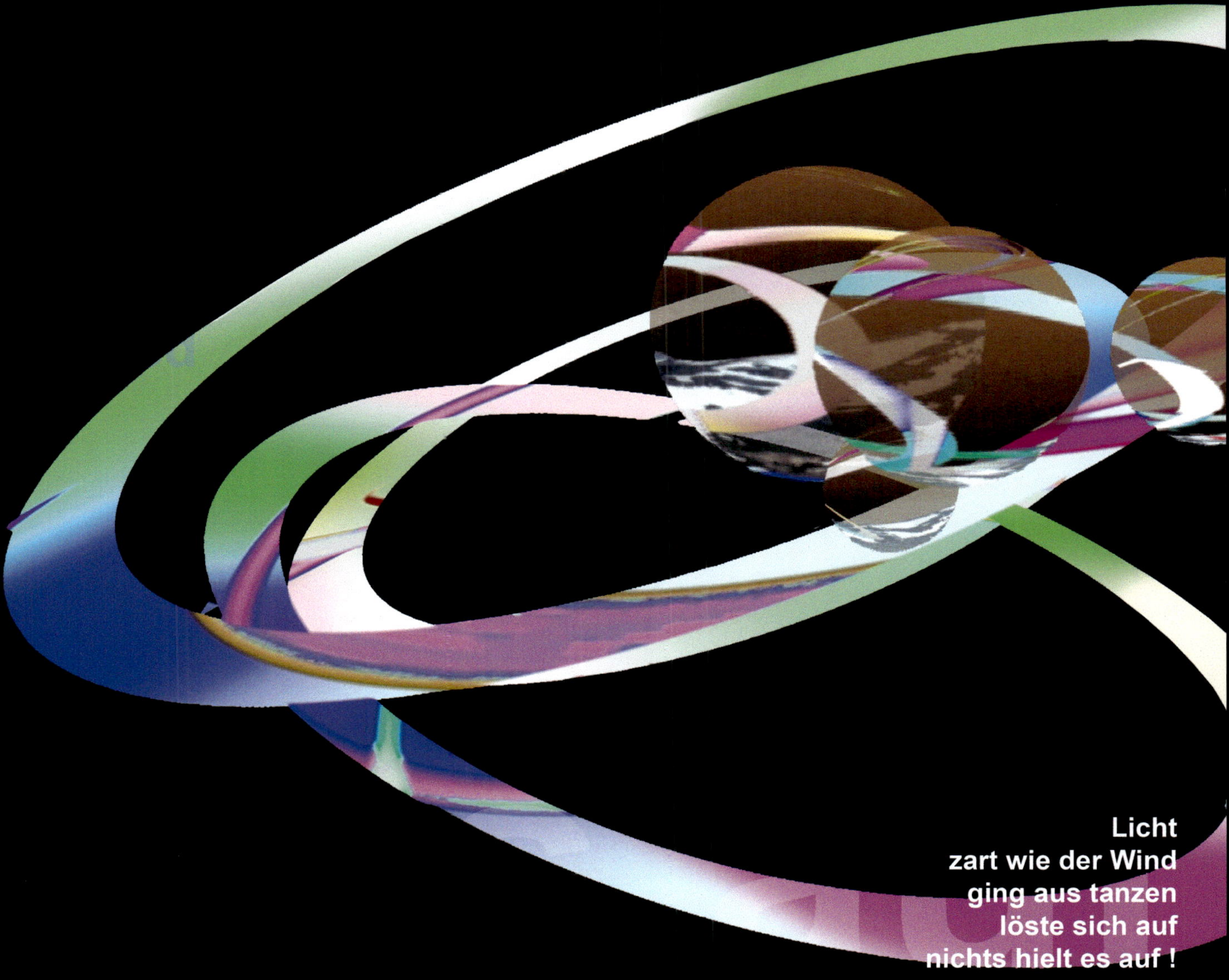

Licht
zart wie der Wind
ging aus tanzen
löste sich auf
nichts hielt es auf !

Viti Krater, Island

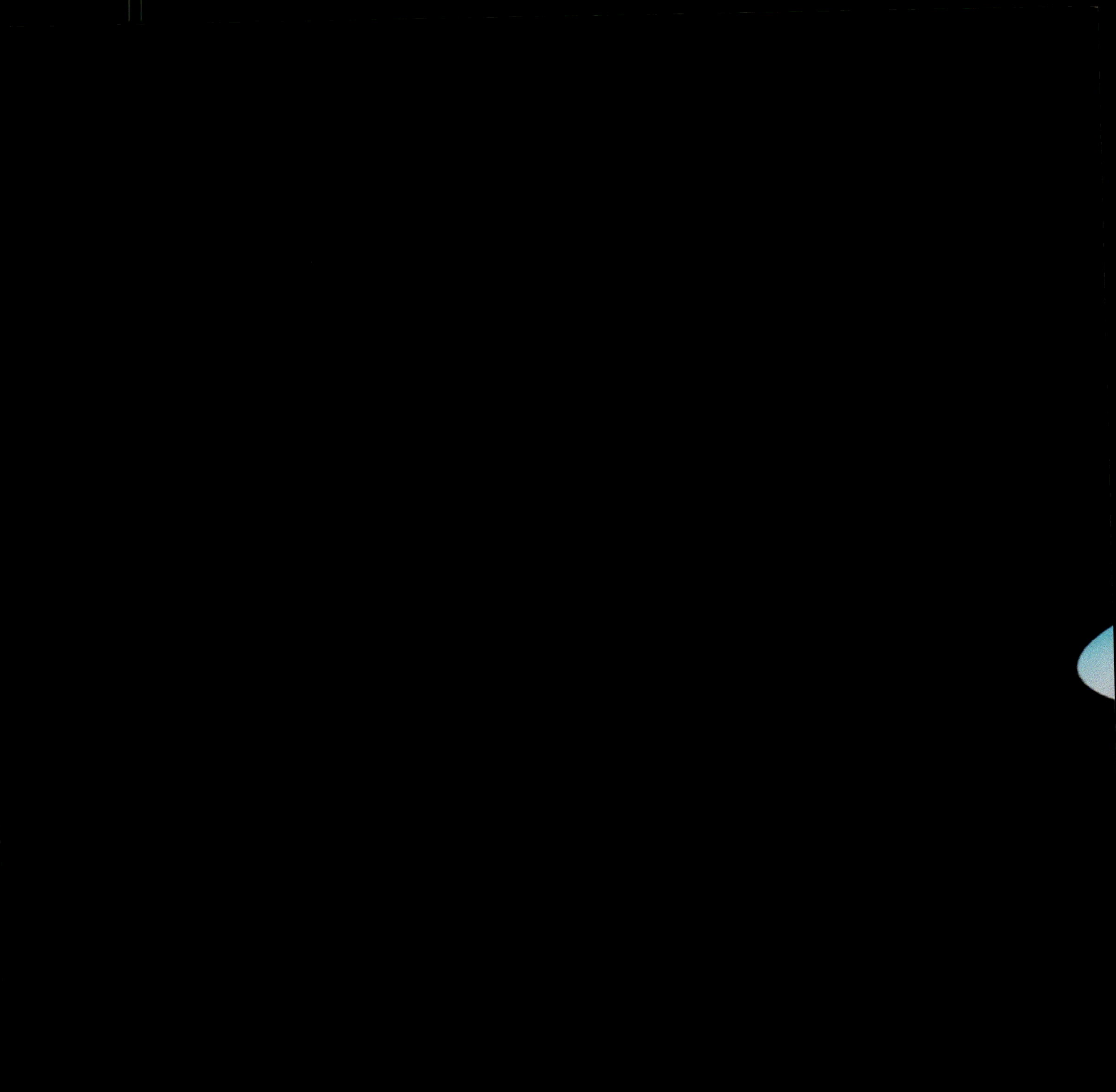

132 **Viti Crater, Iceland**

Viti Krater, Island

Viti Crater, Iceland

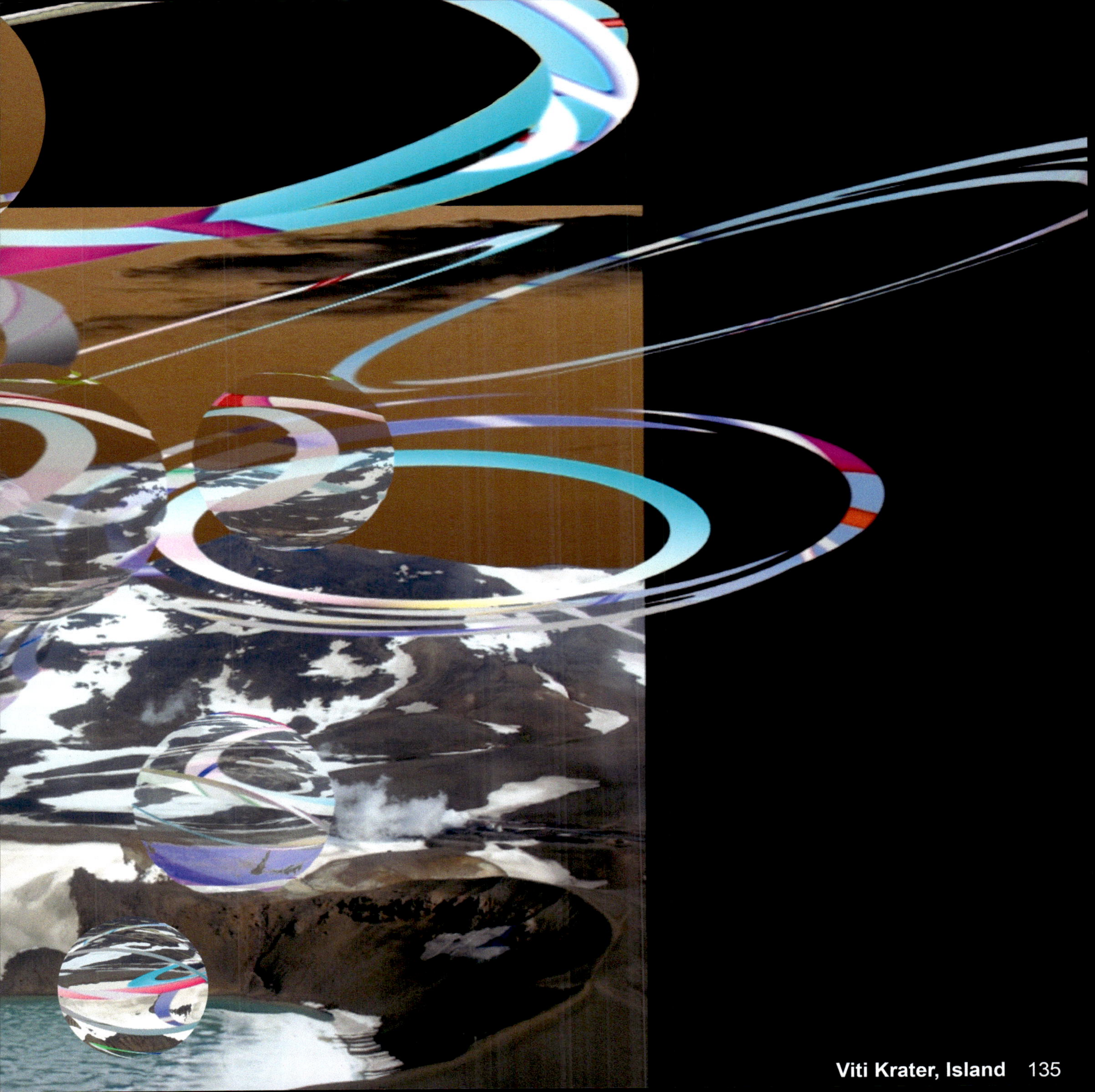

**Viti Krater, Island**

 **iceberg, Antarctica**

Eisberg, Antarktis

**do you prefer to live in a world of glass --- or stone ?**
**in the world opening up to you**
**or being in a cave**
**or do you like to be light in the light ?**

**iceberg, Antarctica**

lebst du lieber in einer Welt aus Glas --- oder Stein ?
dem was-öffnet-sich-dir
oder dem-in-einer-Höhle-sein
oder magst du im-Licht-Licht-zu-sein ?

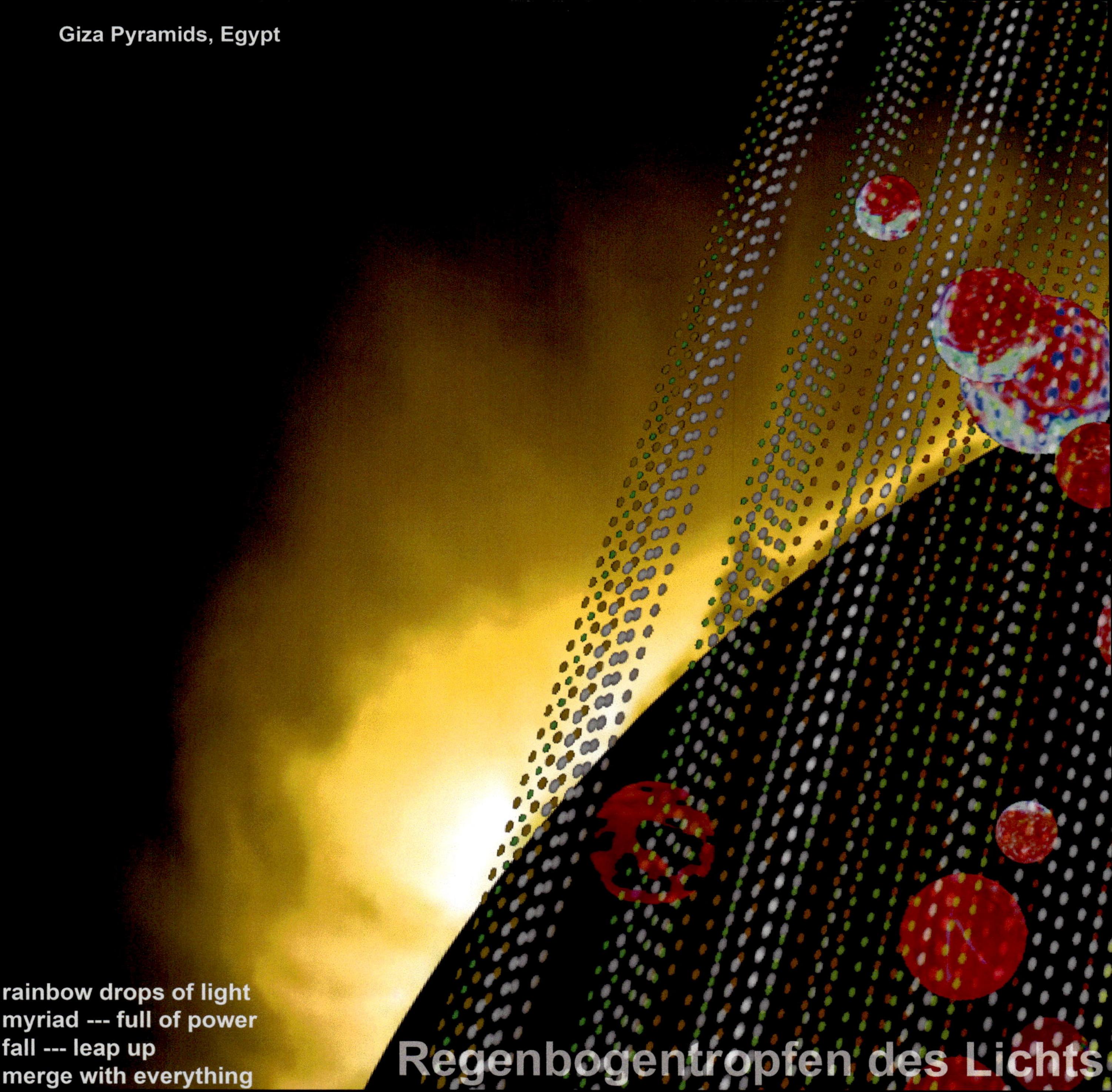

Giza Pyramids, Egypt

rainbow drops of light
myriad --- full of power
fall --- leap up
merge with everything

Regenbogentropfen des Lichts

 Cenote IK Kil, Valladolid, Mexico

Pyramiden von Gizeh, Ägypten
Regenbogentropfen des Lichts
myriadenhaft --- voll Kraft
fallen --- springen empor
verschmelzen mit Allem
merge with everything

Cenote IK-Kil, Valladolid, Mexico

Cenote IK Kil, Valladolid, Mexiko

 Giza Pyramids, Egypt

Pyramiden von Gizeh, Ägypten

forward !
the Rising Sun
reminds
to go back through time
forward !

die Aufgehende Sonn'
erinnert
zurück durch die Zeit zurück zu gehen
nach vorn !

Pergamon, Bergama, Türkiye

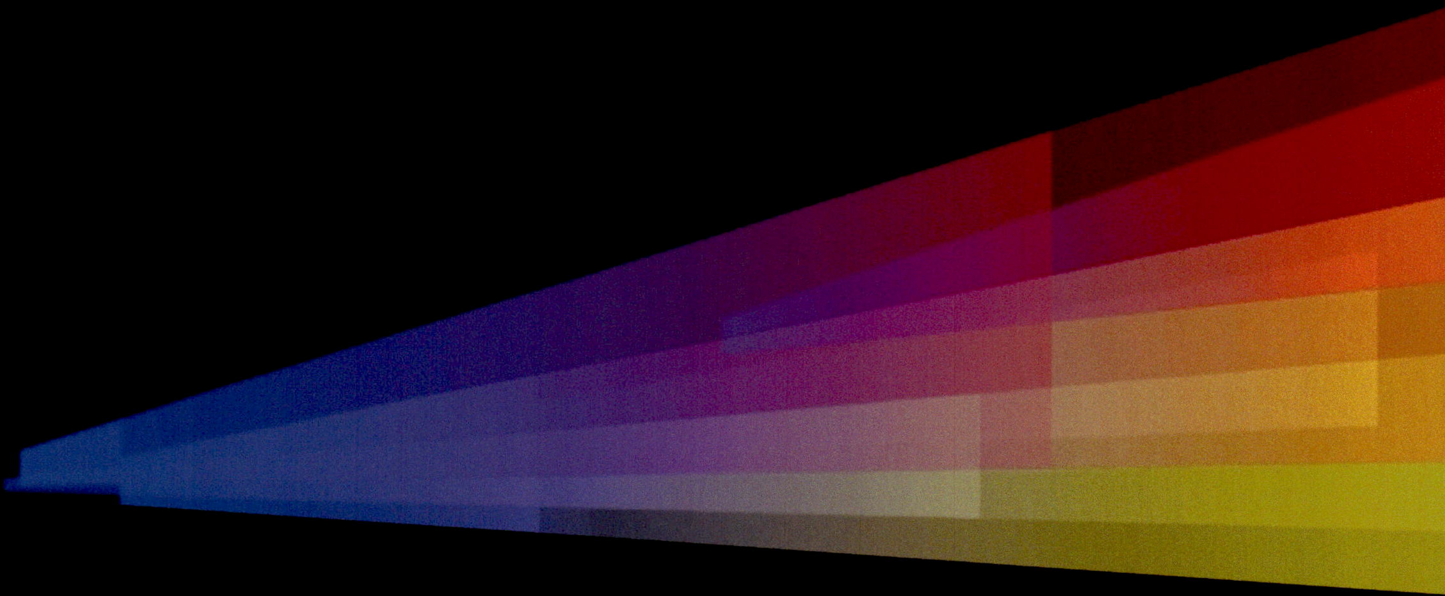

everyone seeks happiness all life long
it is a labyrinth
sometimes RainbowGold --- sometimes EyeGold
it lives in everyone --- whether blind or asleep

it is behind the mountains
at the edge of space
flying --- full of glow

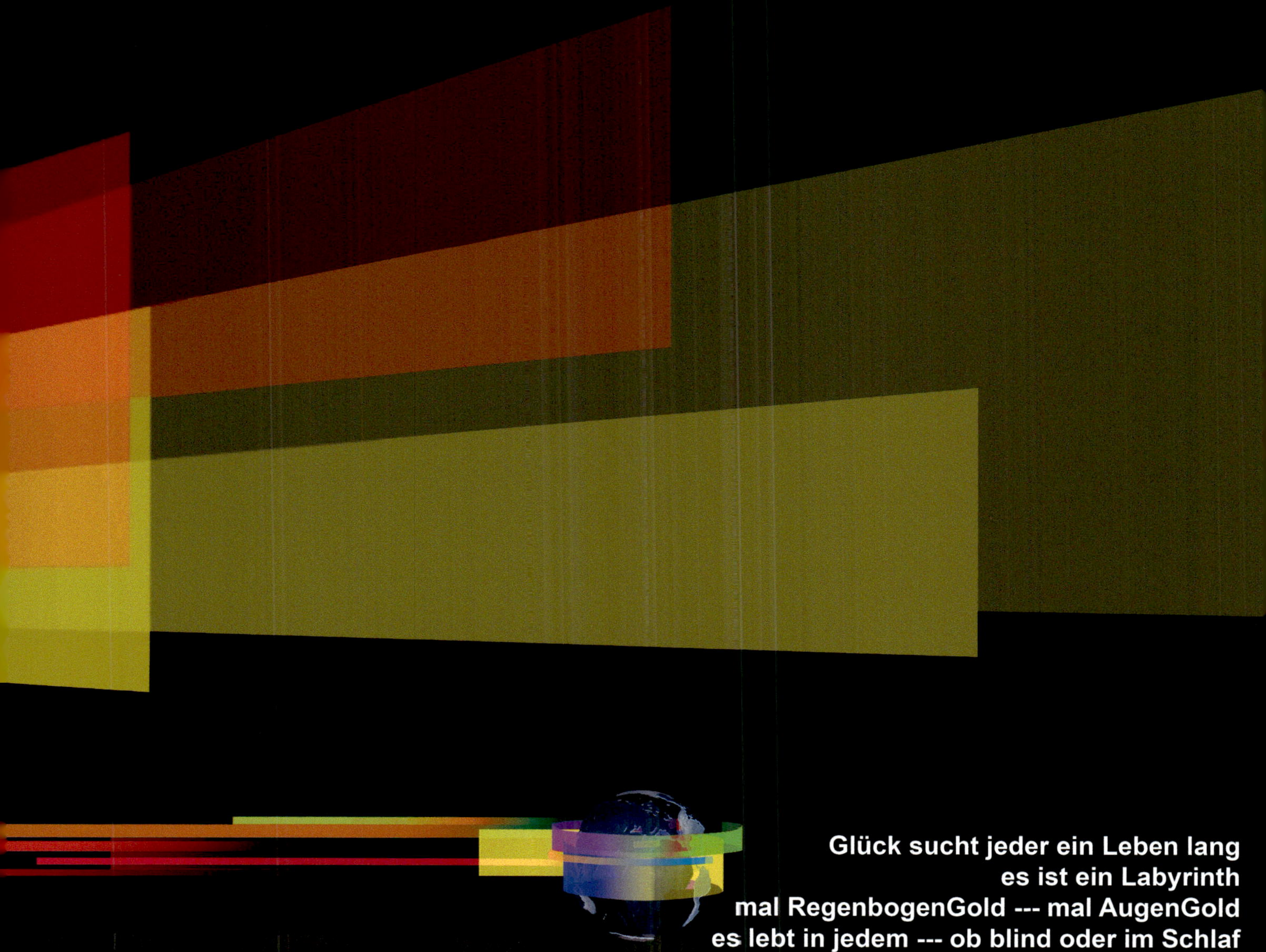

Glück sucht jeder ein Leben lang
es ist ein Labyrinth
mal RegenbogenGold --- mal AugenGold
es lebt in jedem --- ob blind oder im Schlaf

es ist hinter den Bergen
am Gestade des Alls
fliegend --- voll Glanz

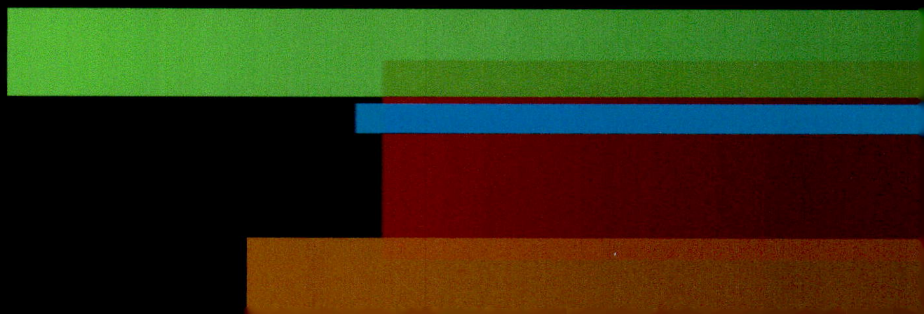

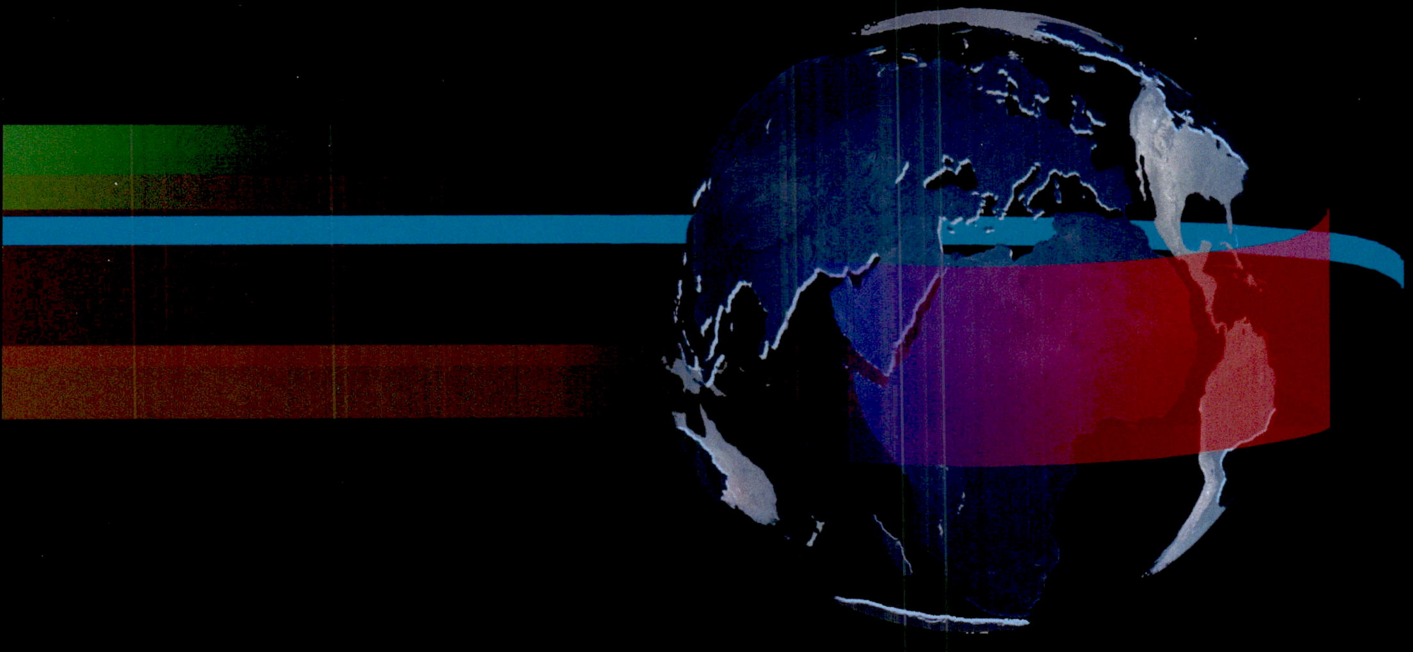

ein Labyrinth

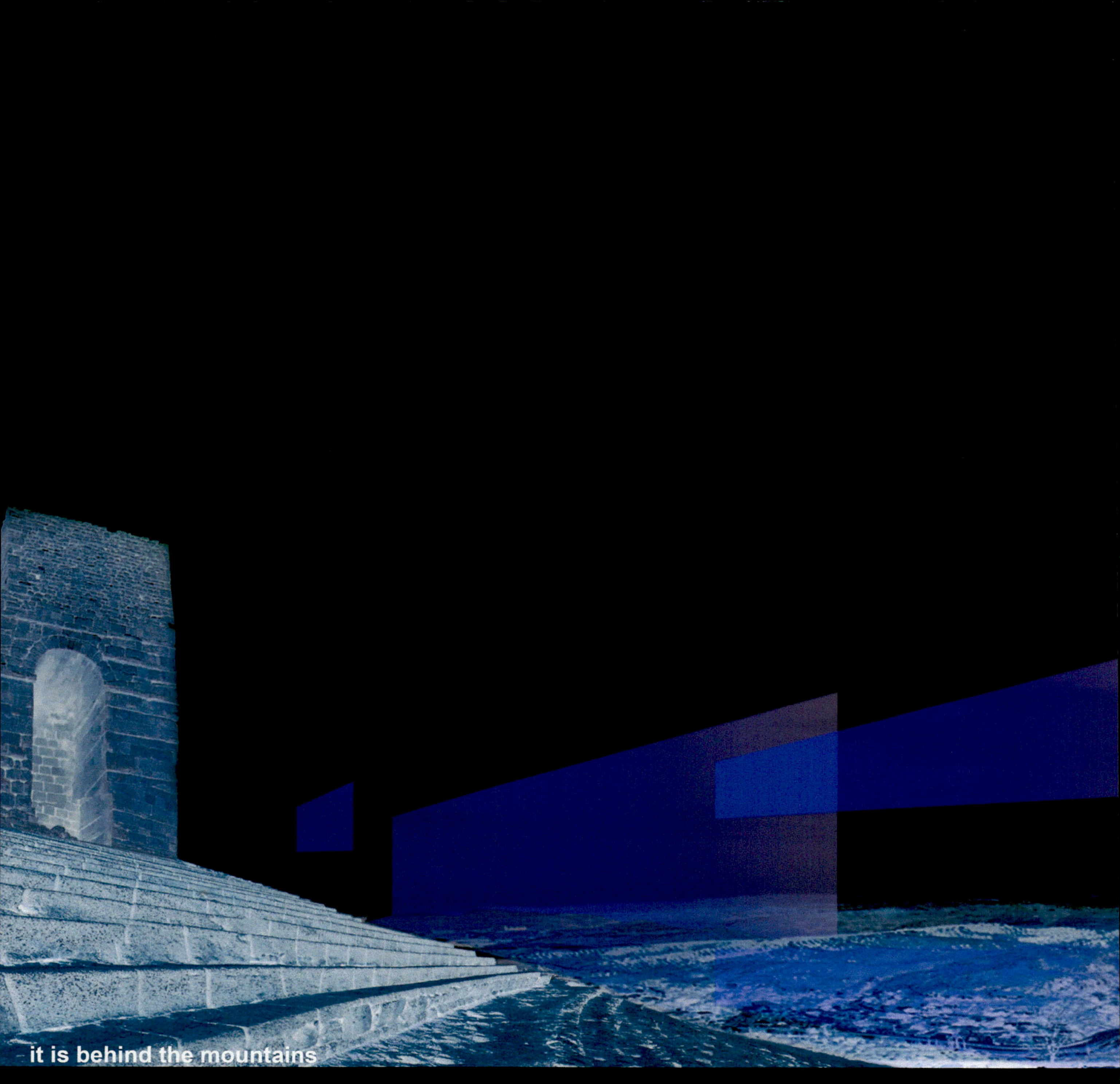


154 Pergamon, Bergama, Türkiye

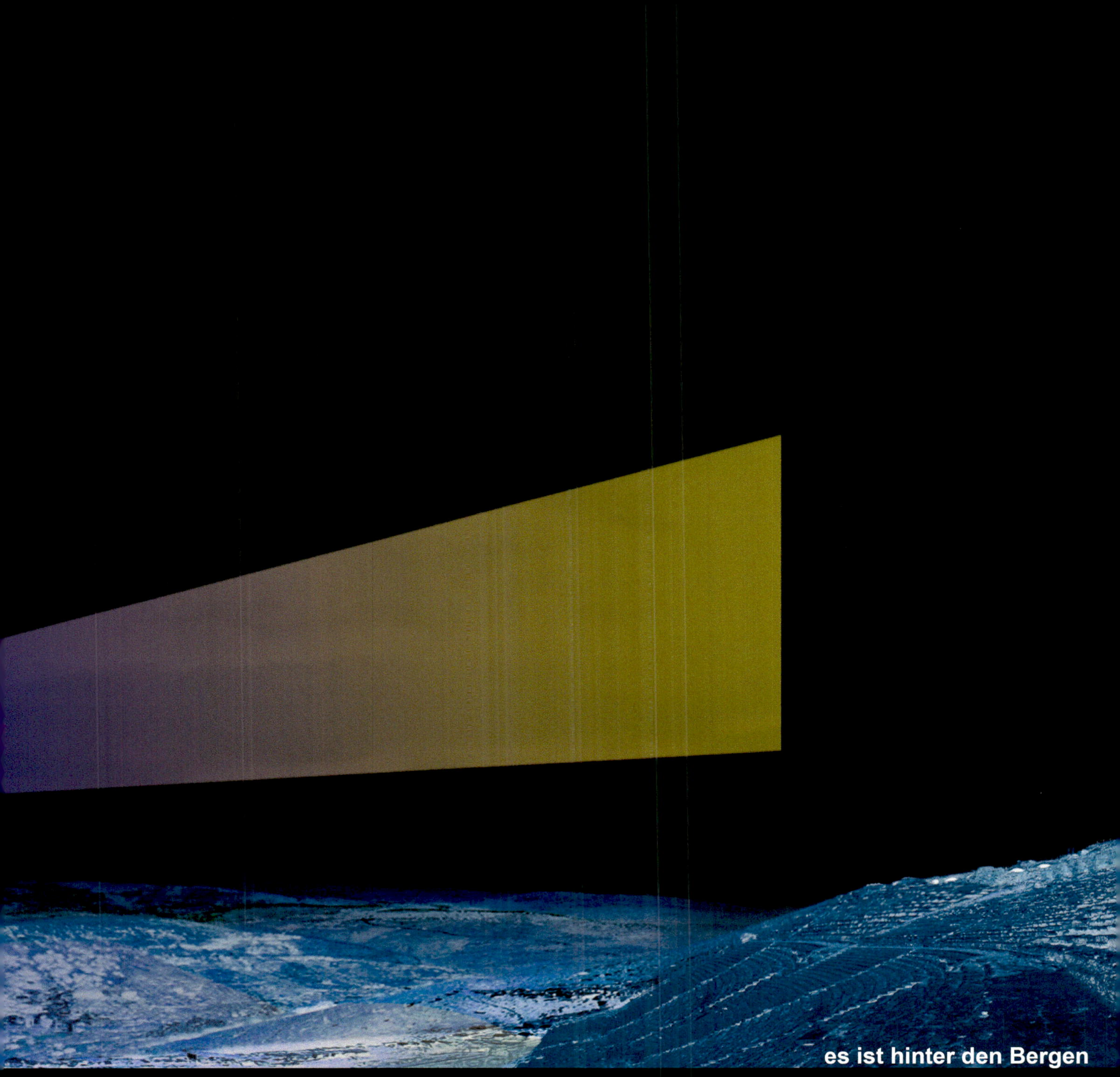


Pergamon, Bergama, Türkei 

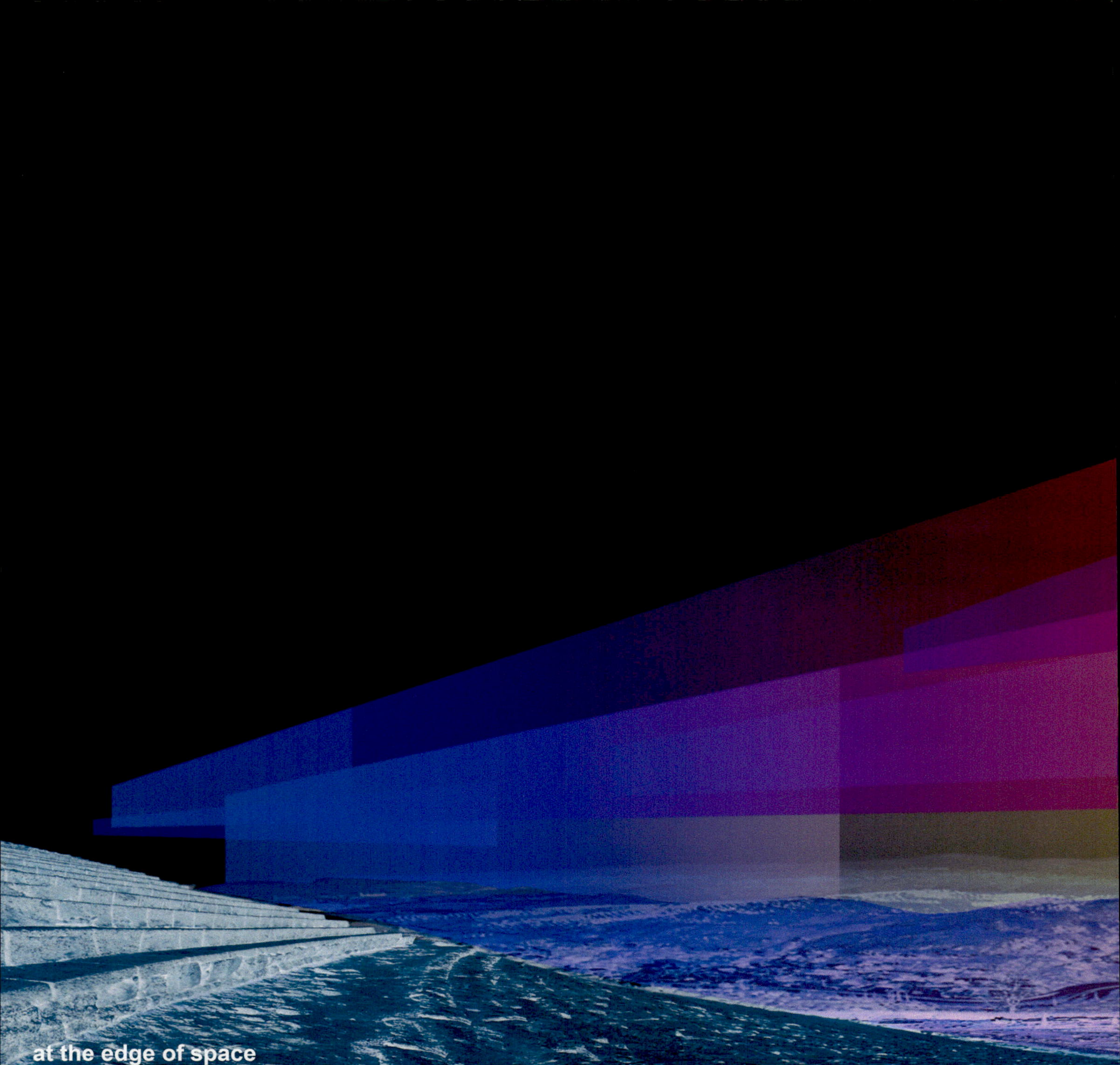


 Pergamon, Bergama, Türkiye

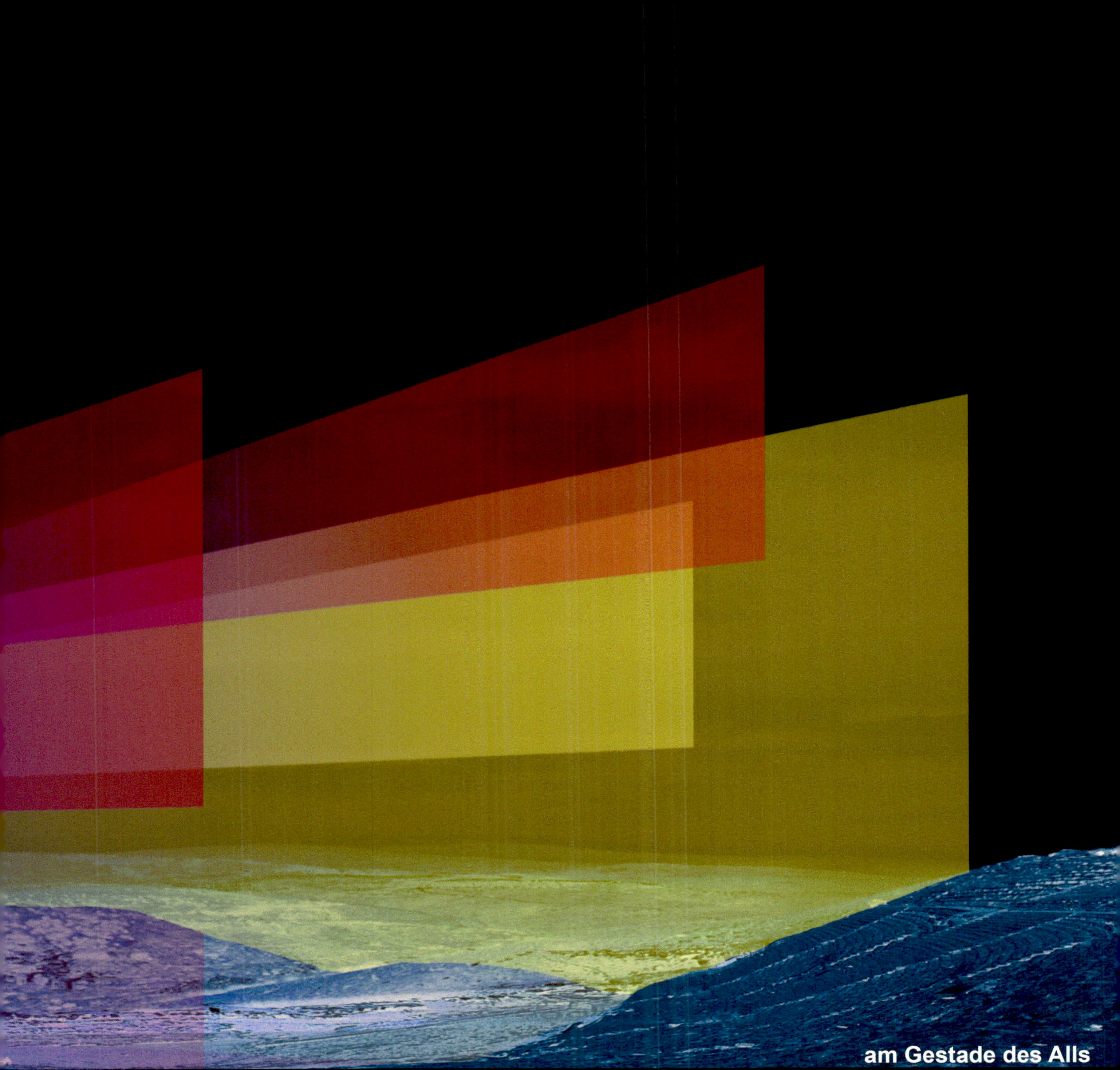
am Gestade des Alls

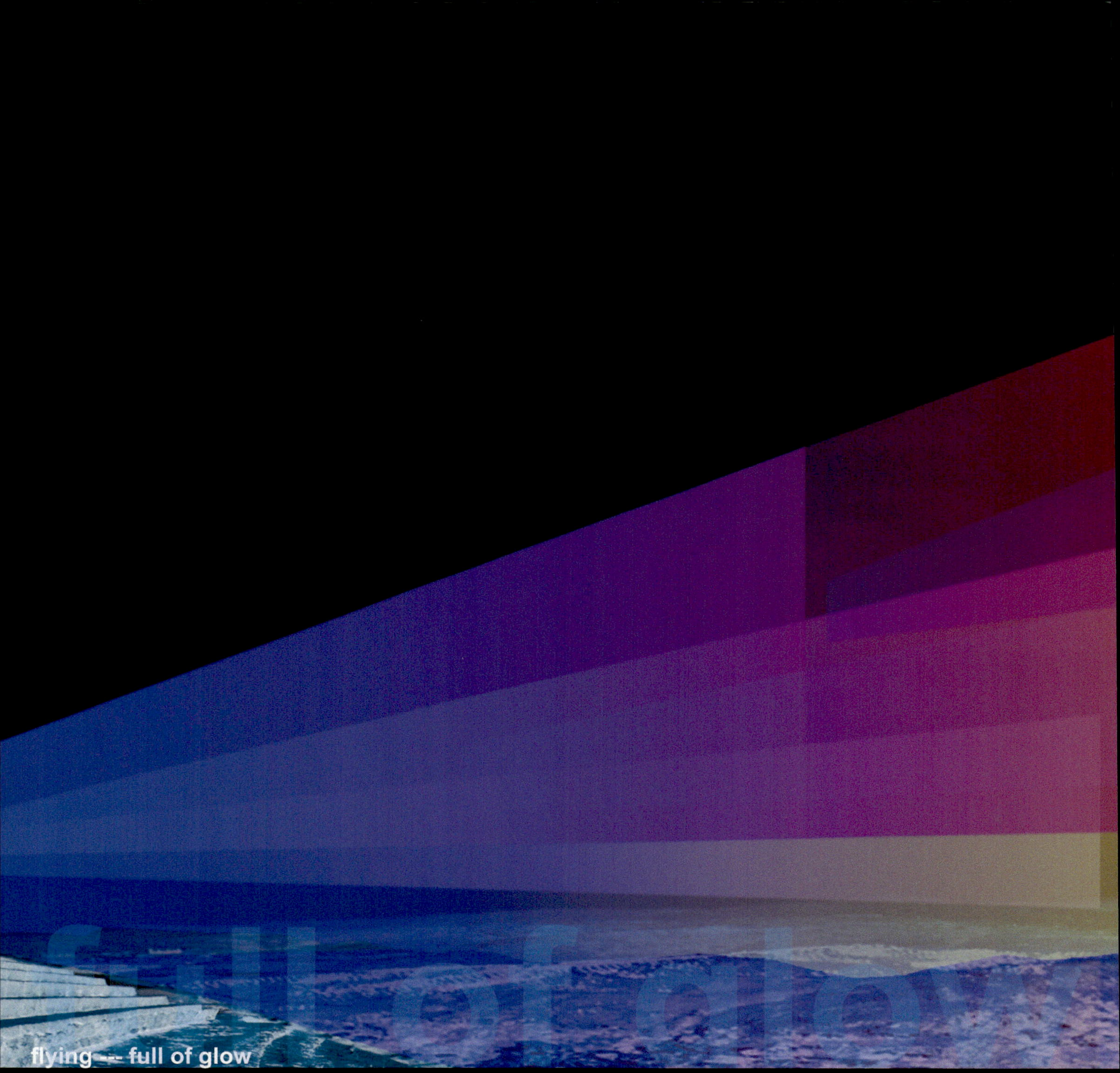


 Pergamon, Bergama, Türkiye

fliegend --- voll Glanz

Zhagye Danxia, Red Clouds Mountains, China

hills of light
rise from their sleep
stretch, fly away
free from the burden of earth

160 rice fields, Vietnam

Zhagye Danxia, Rote Wolken Berge, China

befreit

Hügel aus Licht
erheben sich aus ihrem Schlaf
strecken sich, fliegen davon
befreit von der Erden Last

Reisfelder, Vietnam 

 rice fields, Vietnam

Hügel aus Licht

Reisfelder, Vietnam 

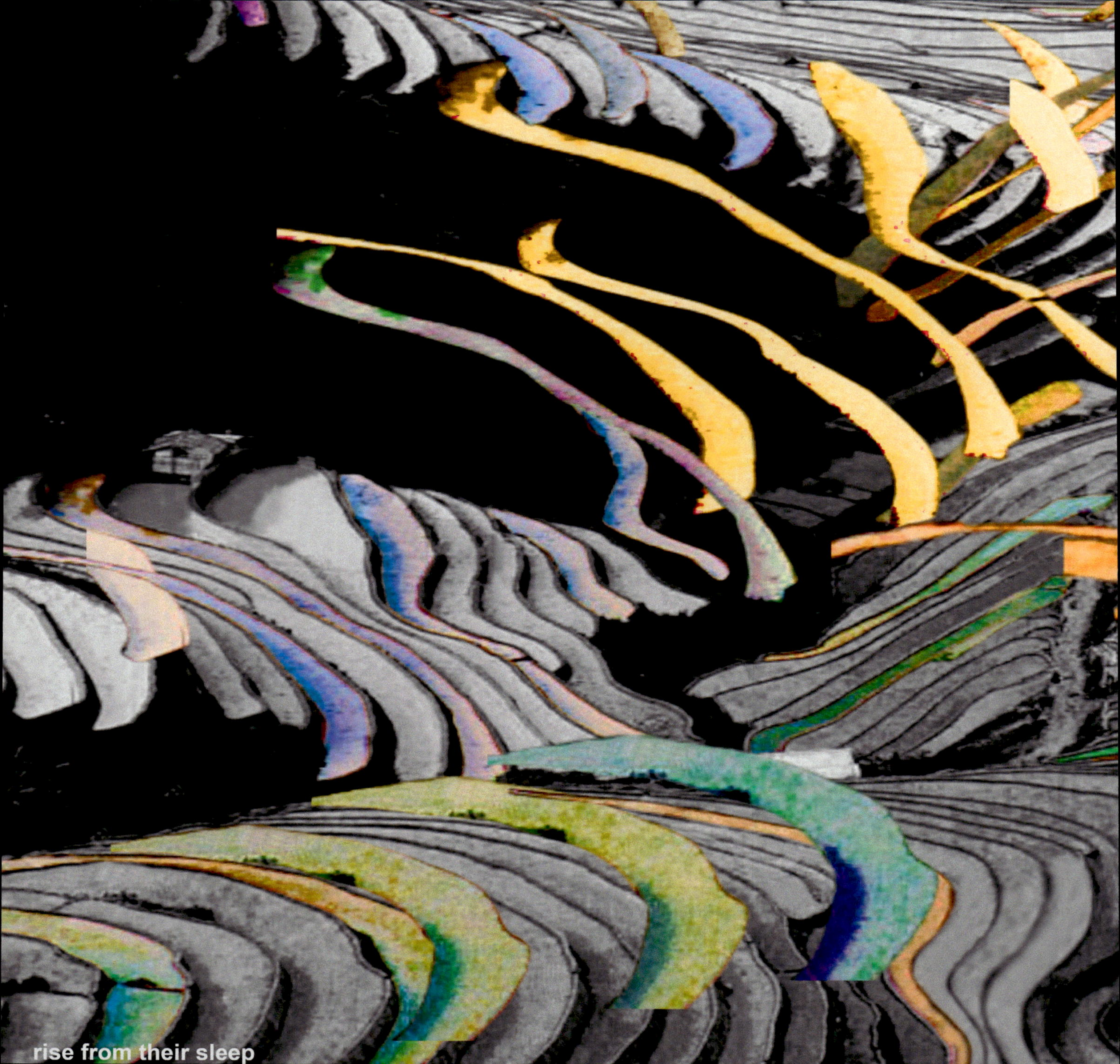


 rice fields, Vietnam

erheben sich aus ihrem Schlaf

Reisfelder, Vietnam

Zhagye Danxia, Rote Wolken Berge, China

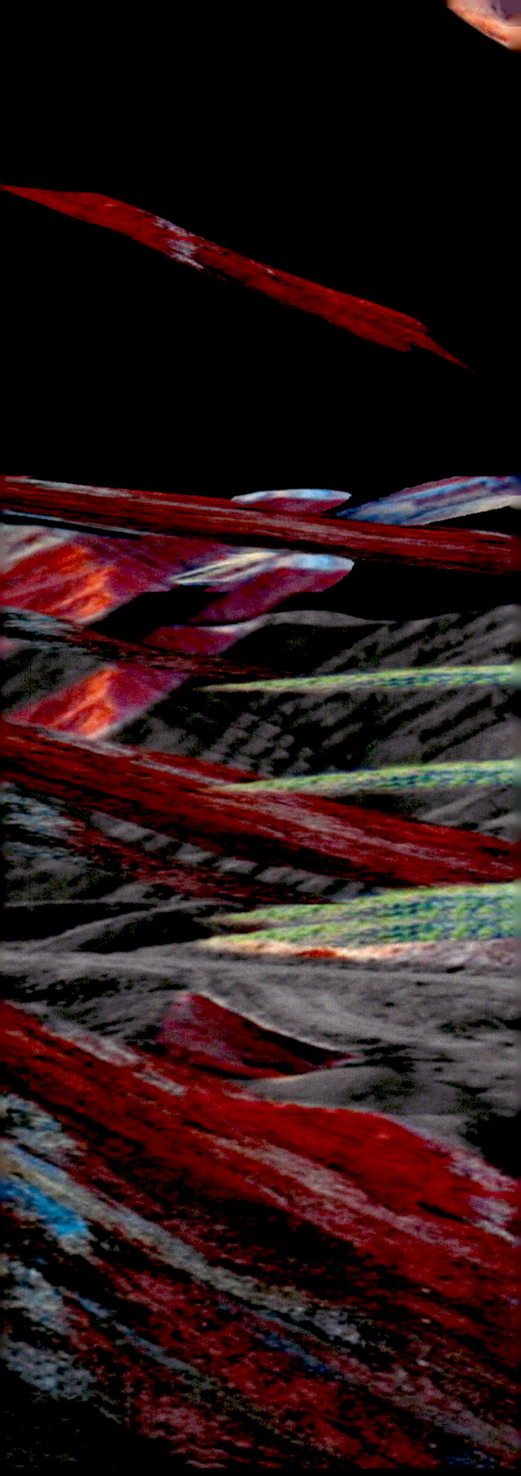

Zhagye Danxia, Rote Wolken Berge, China

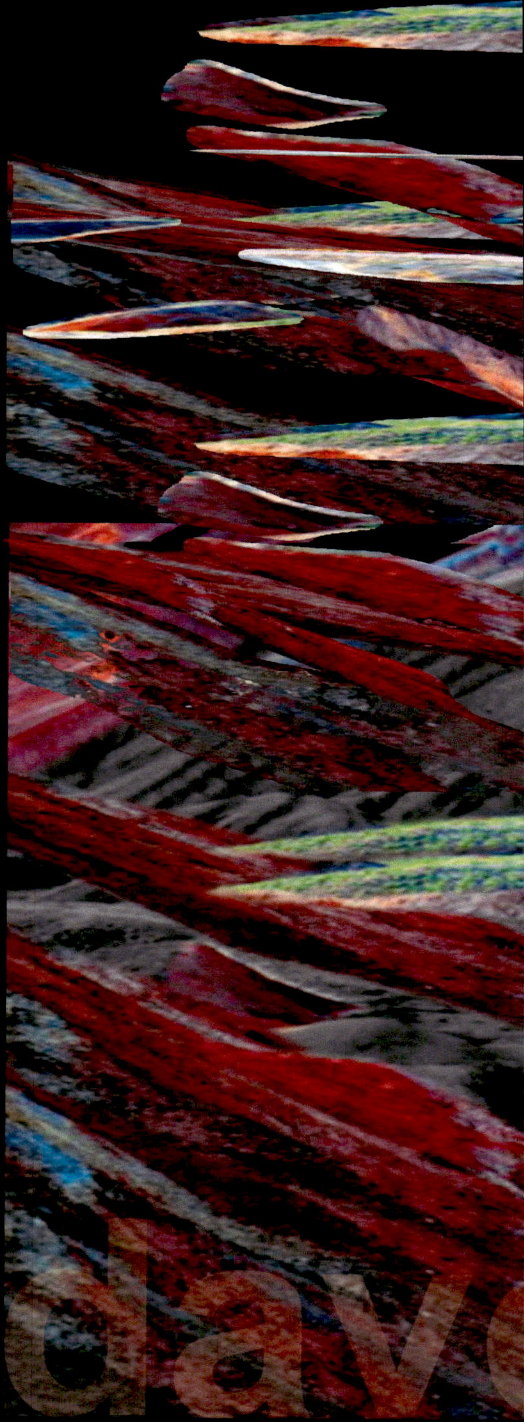

free from the burden of earth

 Zhagye Danxia, Red Clouds Mountains, China

Zhagye Danxia, Rote Wolken Berge, China

Eye of the Sahara, Mauritania

a labyrinth
invites you to get lost

its scent refreshes
its light is happiness
its space is nothingness

Auge der Sahara, Mauretanien

ein Labyrinth
lädt ein sich zu verirren

sein Duft erquickt
sein Licht ist Glück
sein Raum ist Nichts

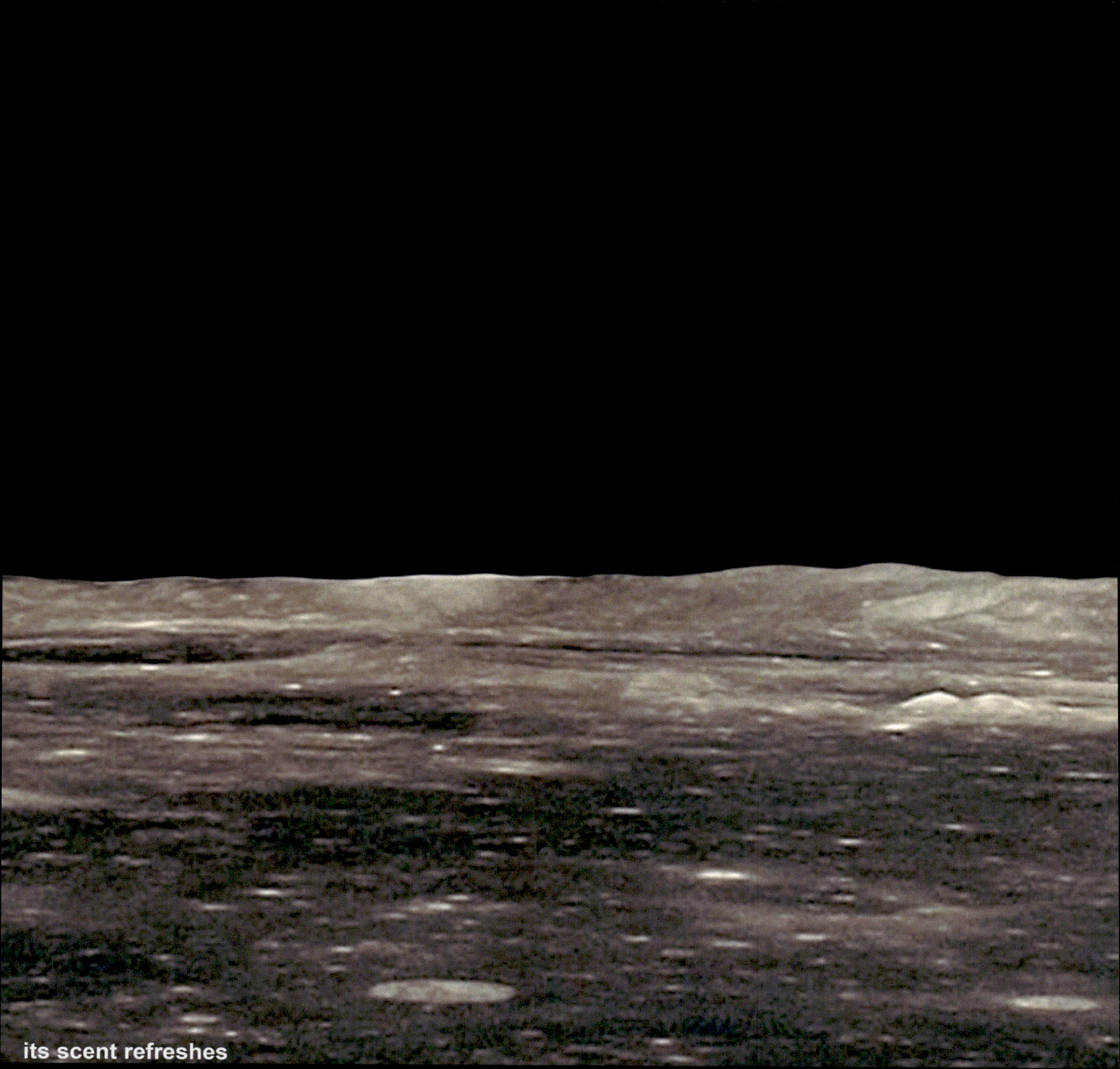
its scent refreshes

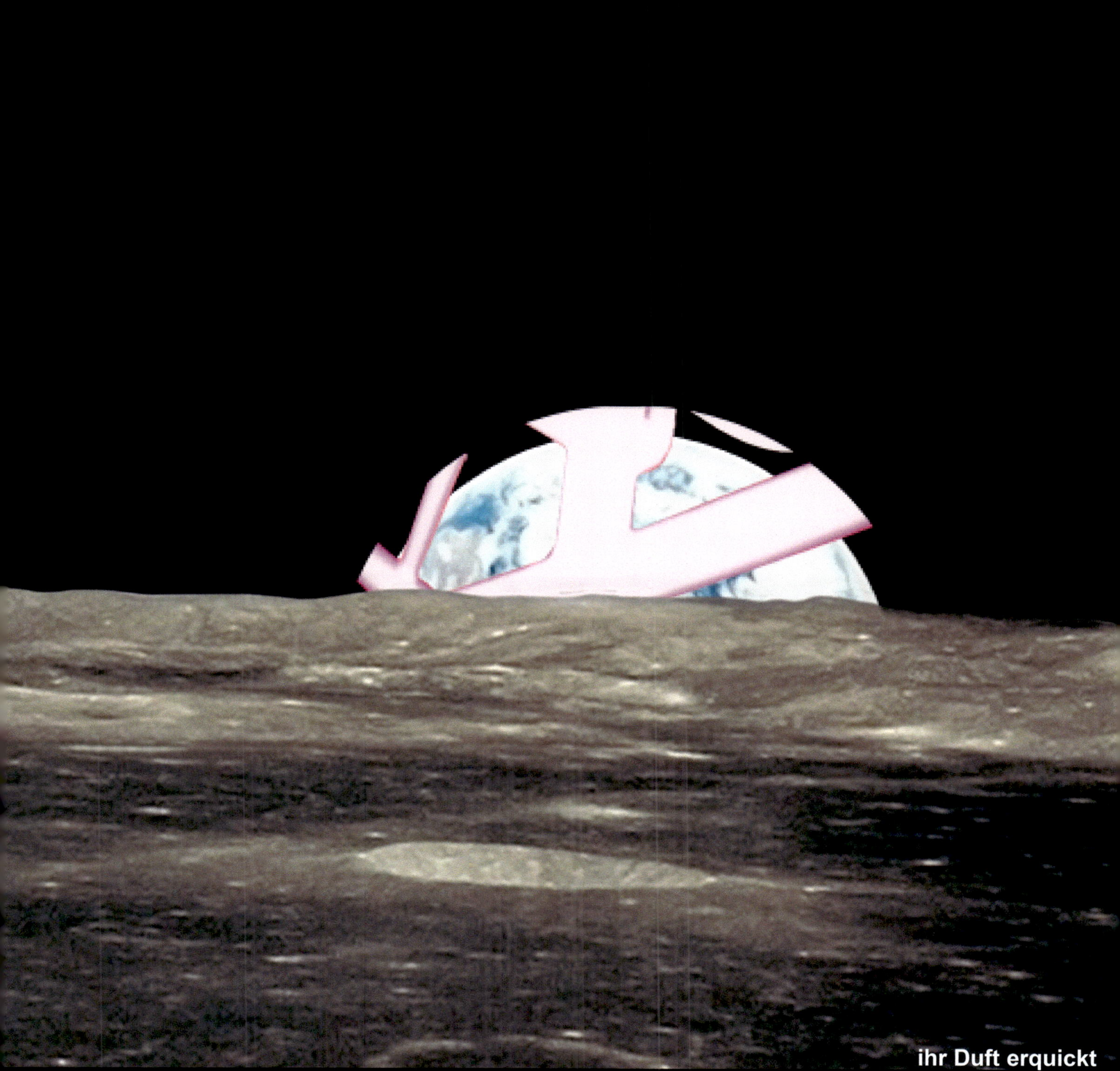
ihr Duft erquickt

Duft

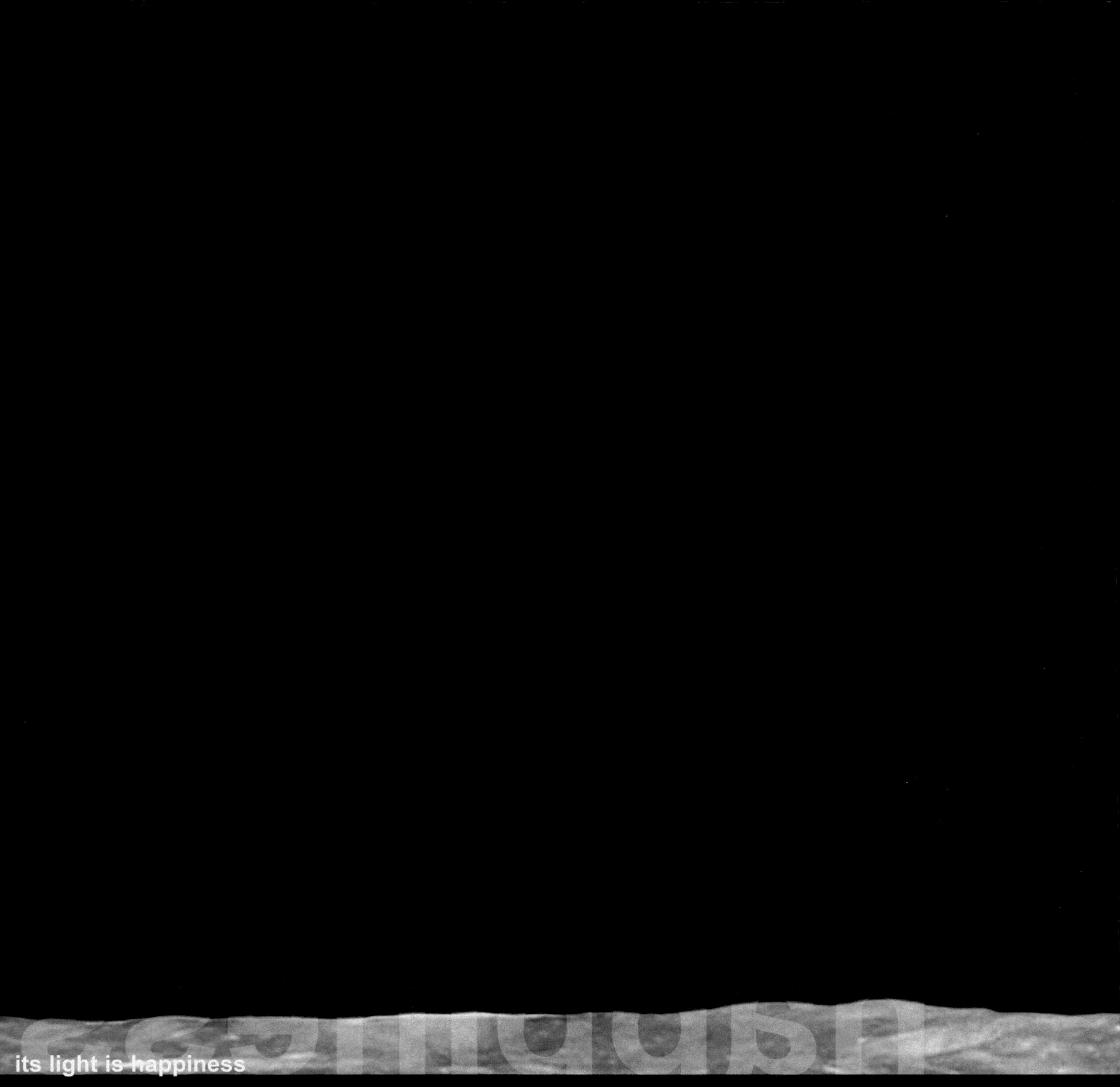
its light is happiness

ihr Licht ist Glück

180 **Guelb er Richat, Bull´s Eye, Sahara, Mauritania**

 **Guelb er Richat, Bull´s Eye, Sahara, Mauritania**

Richat - Struktur, Auge der Sahara, Mauretanien

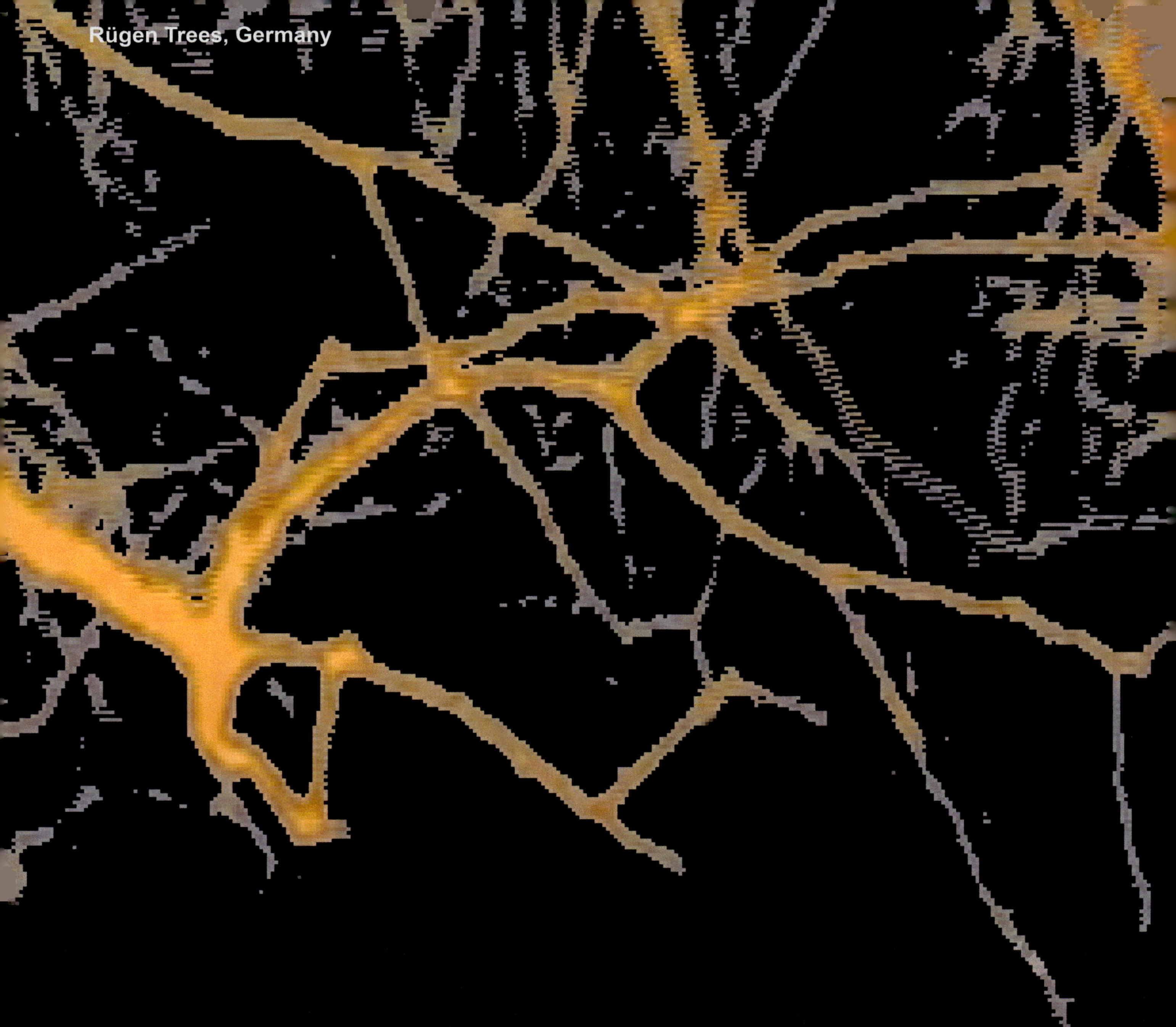

Rügen Trees, Germany

# golden nets

light sparkles like rainbows golden nets
it snows --- it marries in white

Rügen Bäume, Deutschland

Licht funkelt Regenbögen Goldenen Netzen gleich
schneit es --- heiratet es in Weiss

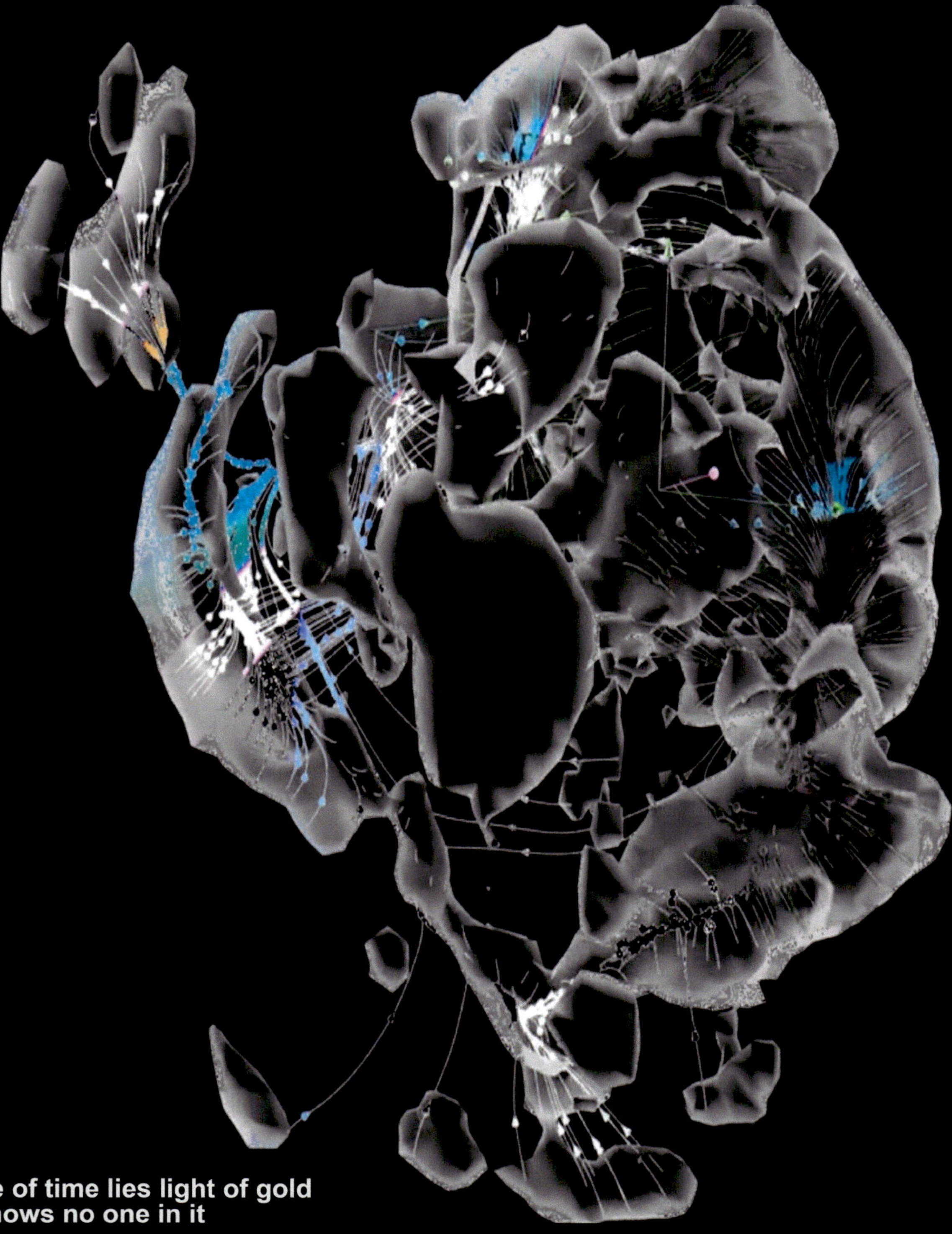

outside of time lies light of gold
time knows no one in it

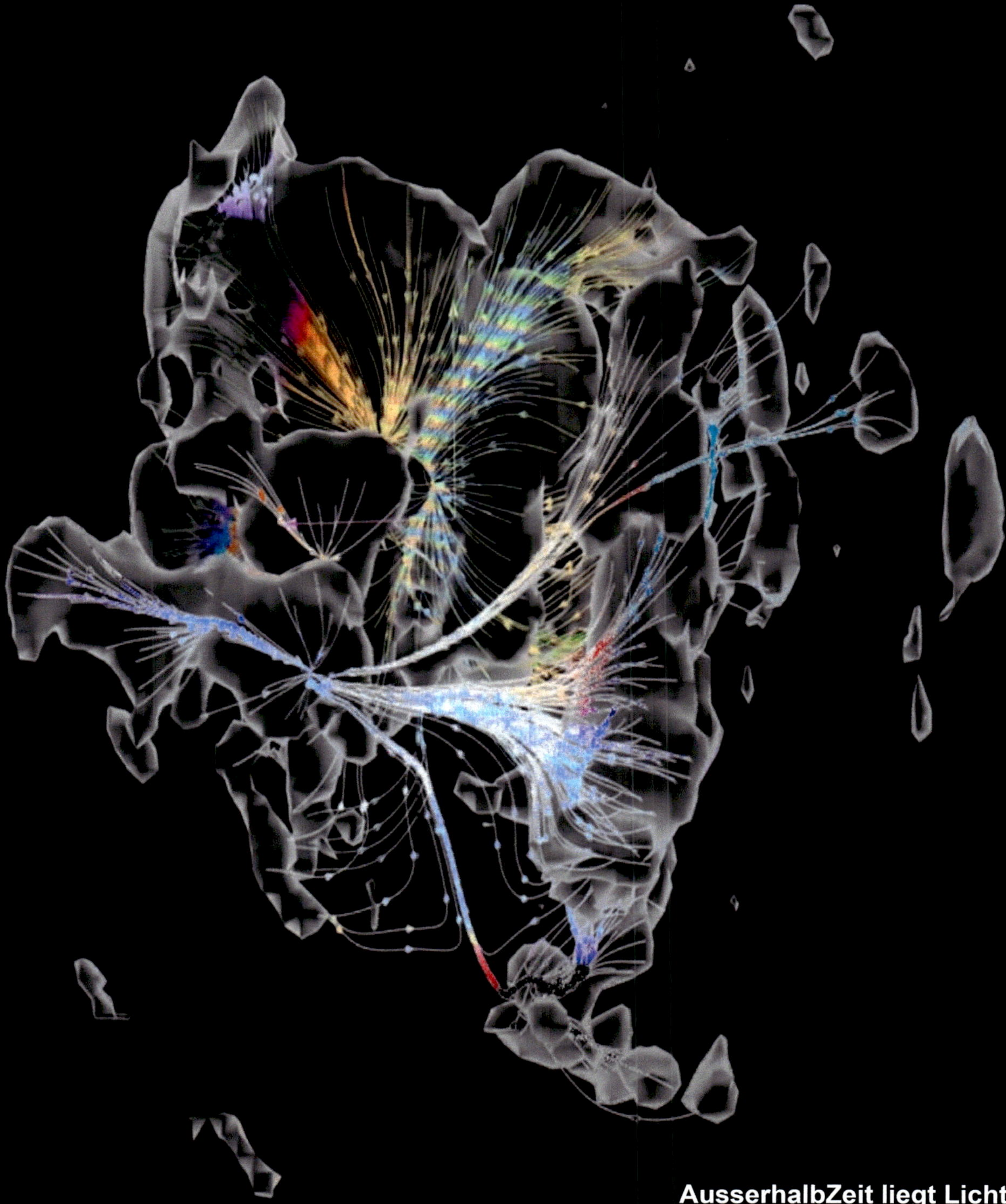

AusserhalbZeit liegt Licht aus Gold
Zeit kennt in ihr keiner

das All vom Shapley-Hercules Filament bis Perseus-Pisces 

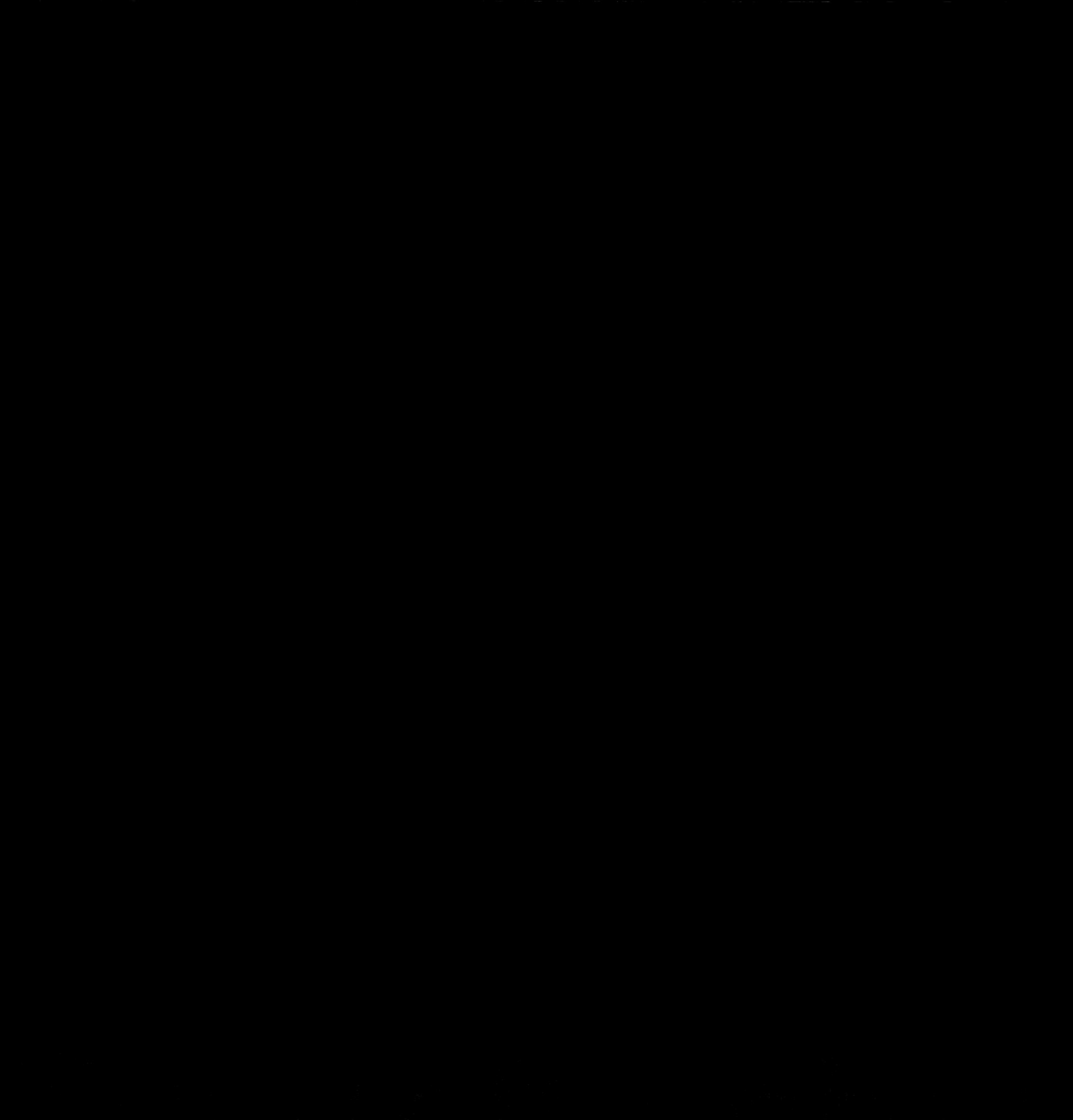

**Future looks at her birth, never was, teases past**

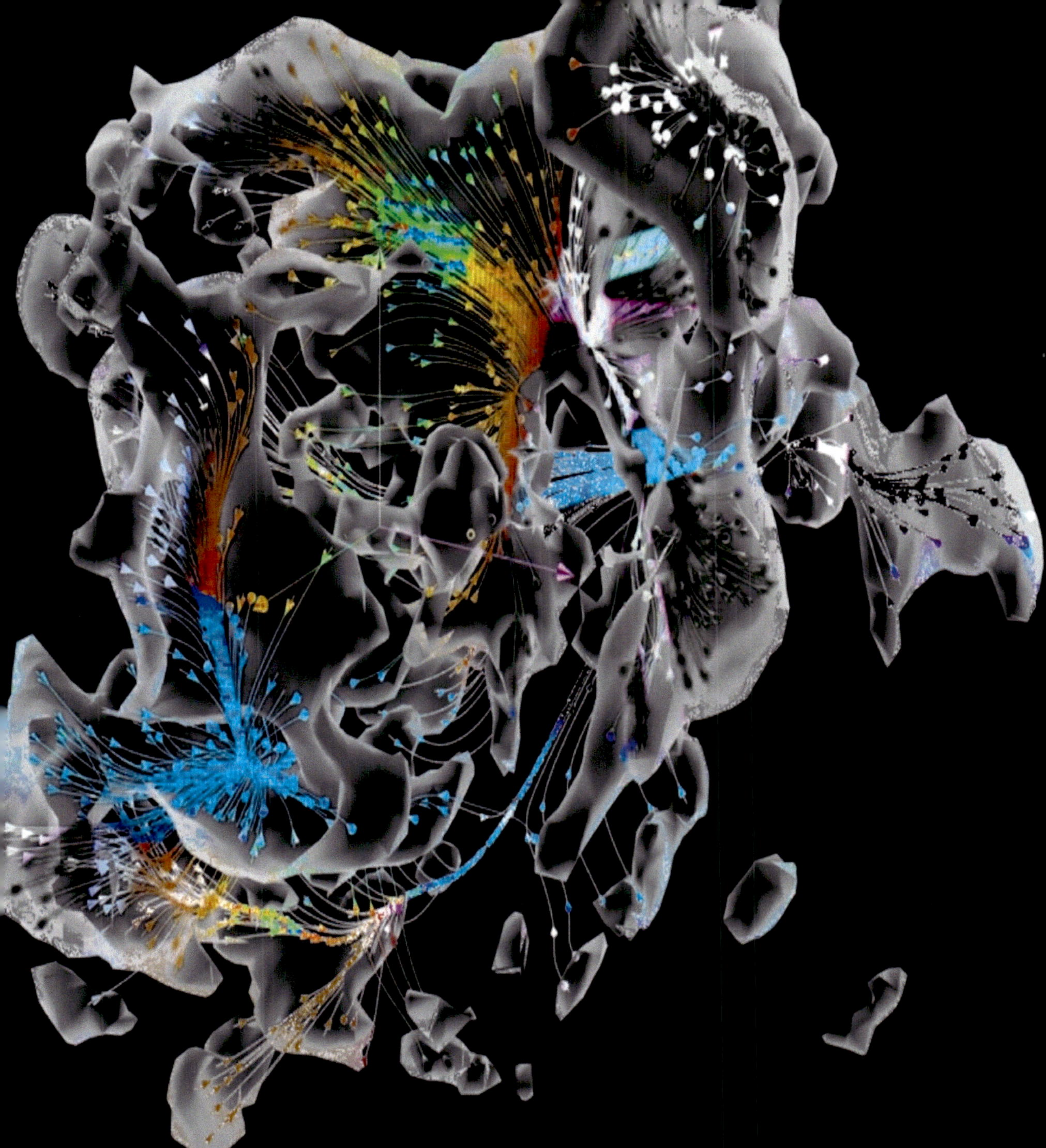

Zukunft schaut auf ihre Geburt, war niemals, neckt Vergangenheit

 **Rügen Trees, Germany**

forest sings
Wald singt
ein Tausend-Beine-Baum umarmt

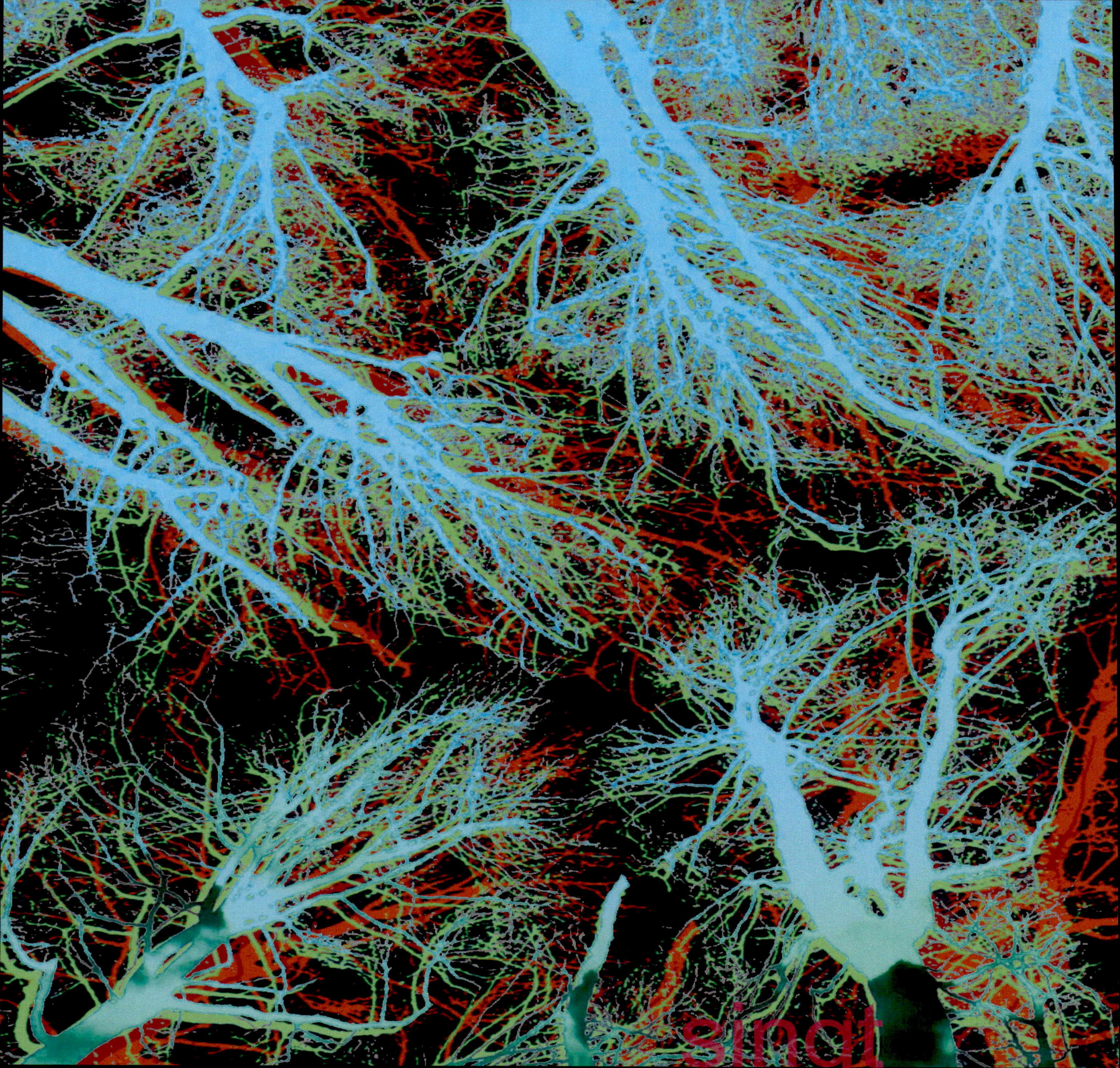


192 Rügen Trees, Germany

umarmt

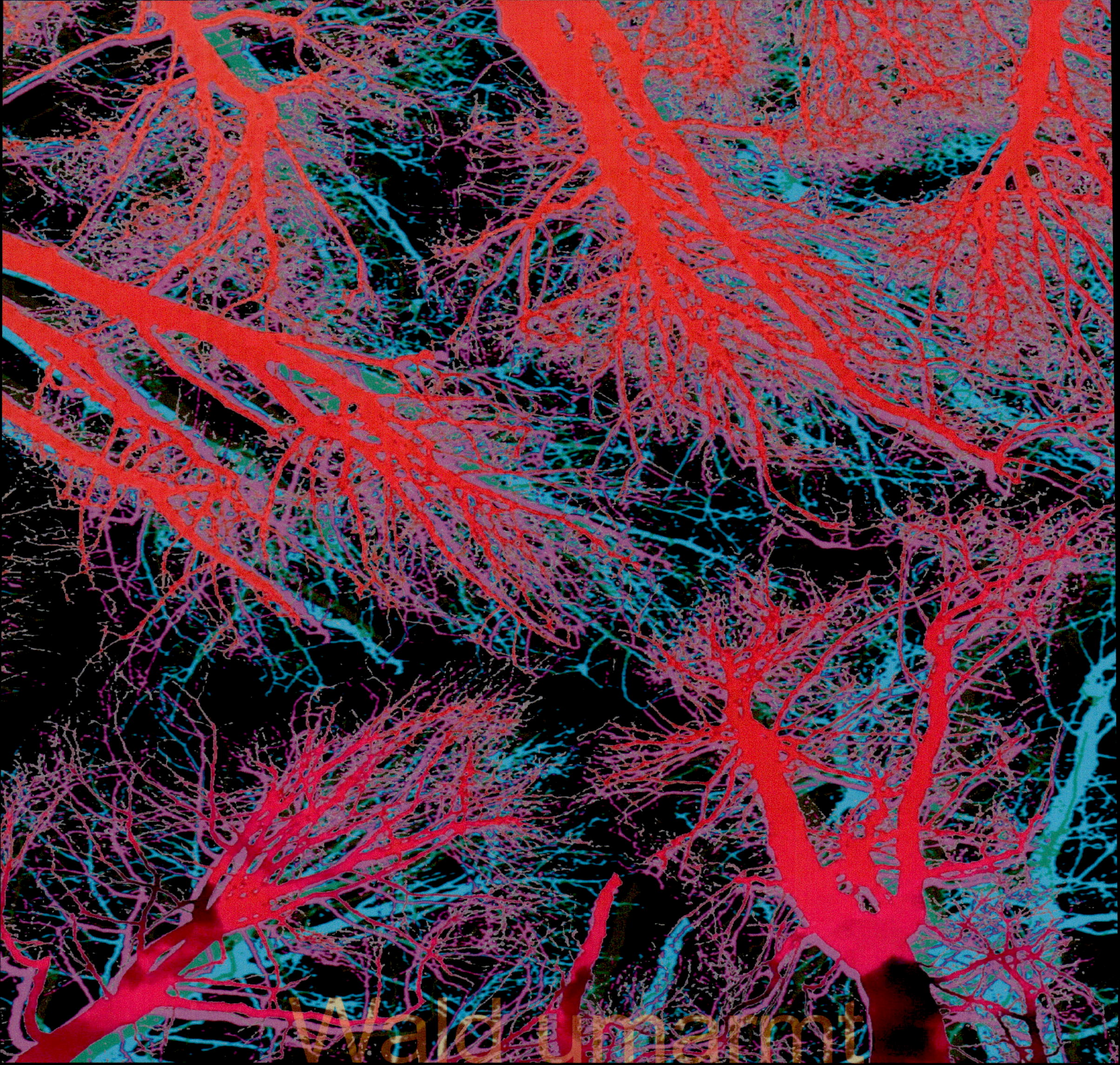


194 **Rügen Trees, Germany**

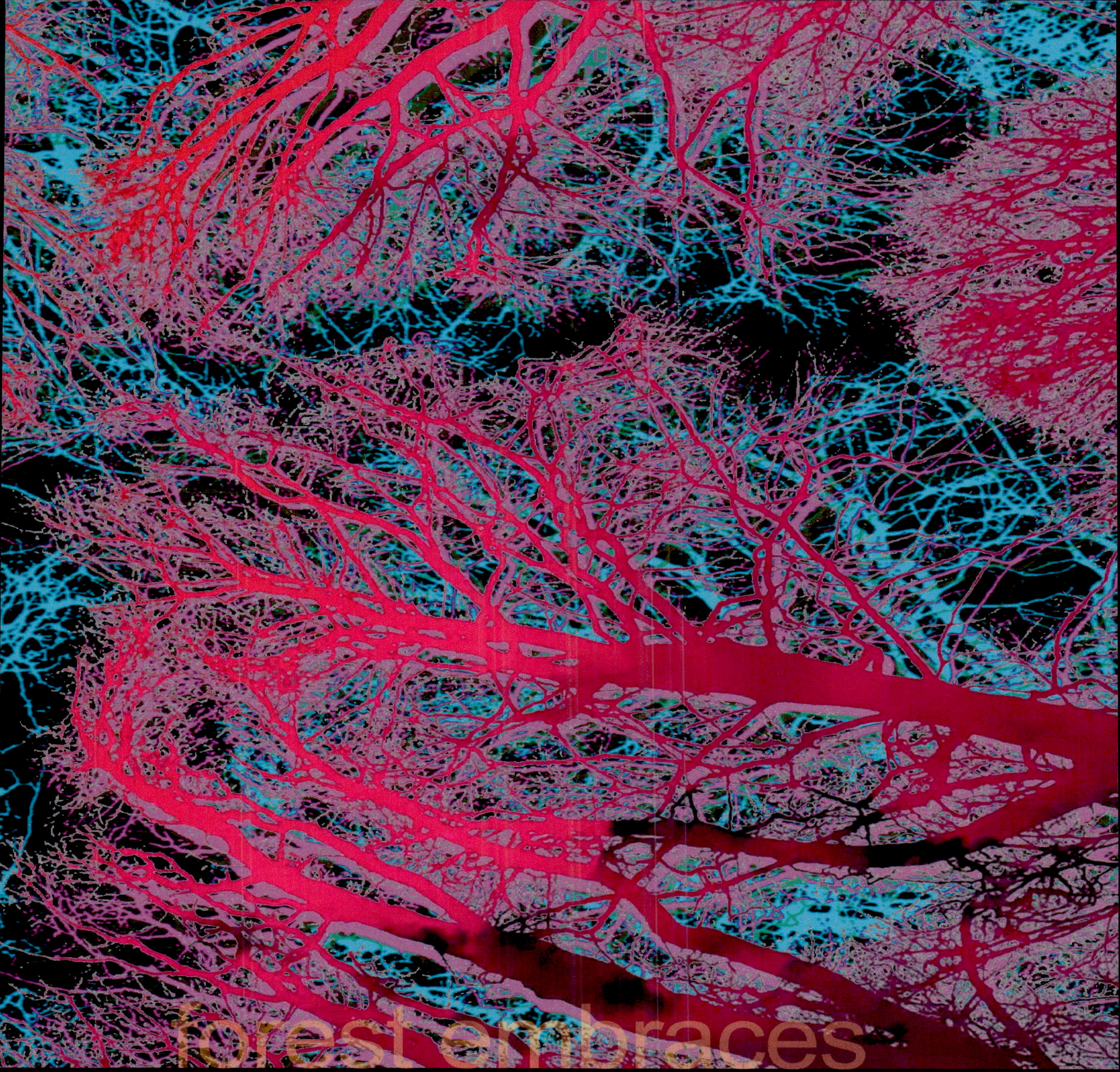


Rügen Bäume, Deutschland 

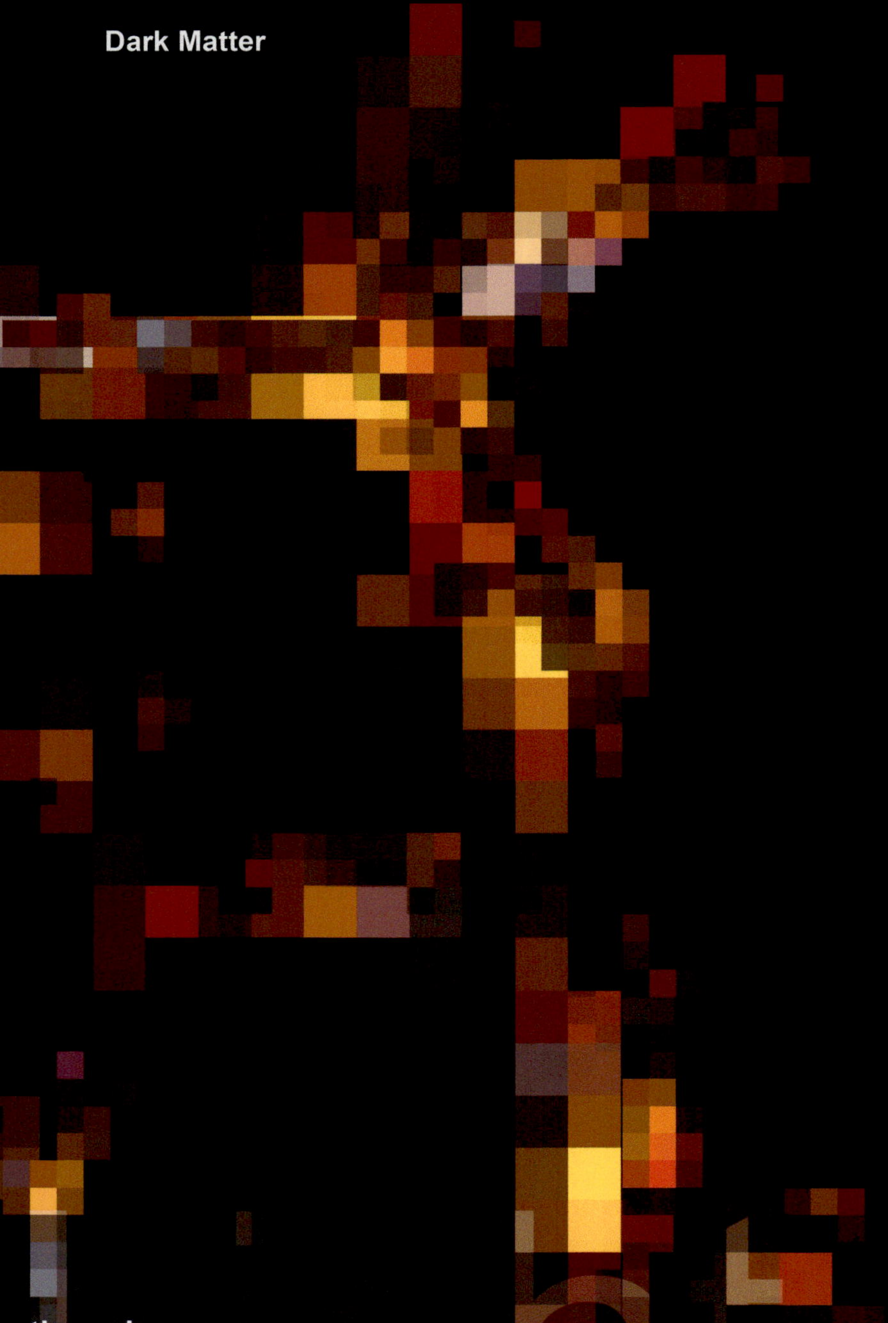

the universe
lies above clouds of crystal
reflects to all who we are --- naked, enchanted, or in love
light of darkness --- reality !

reality

 star dance around the Black Hole Sagittarius A*

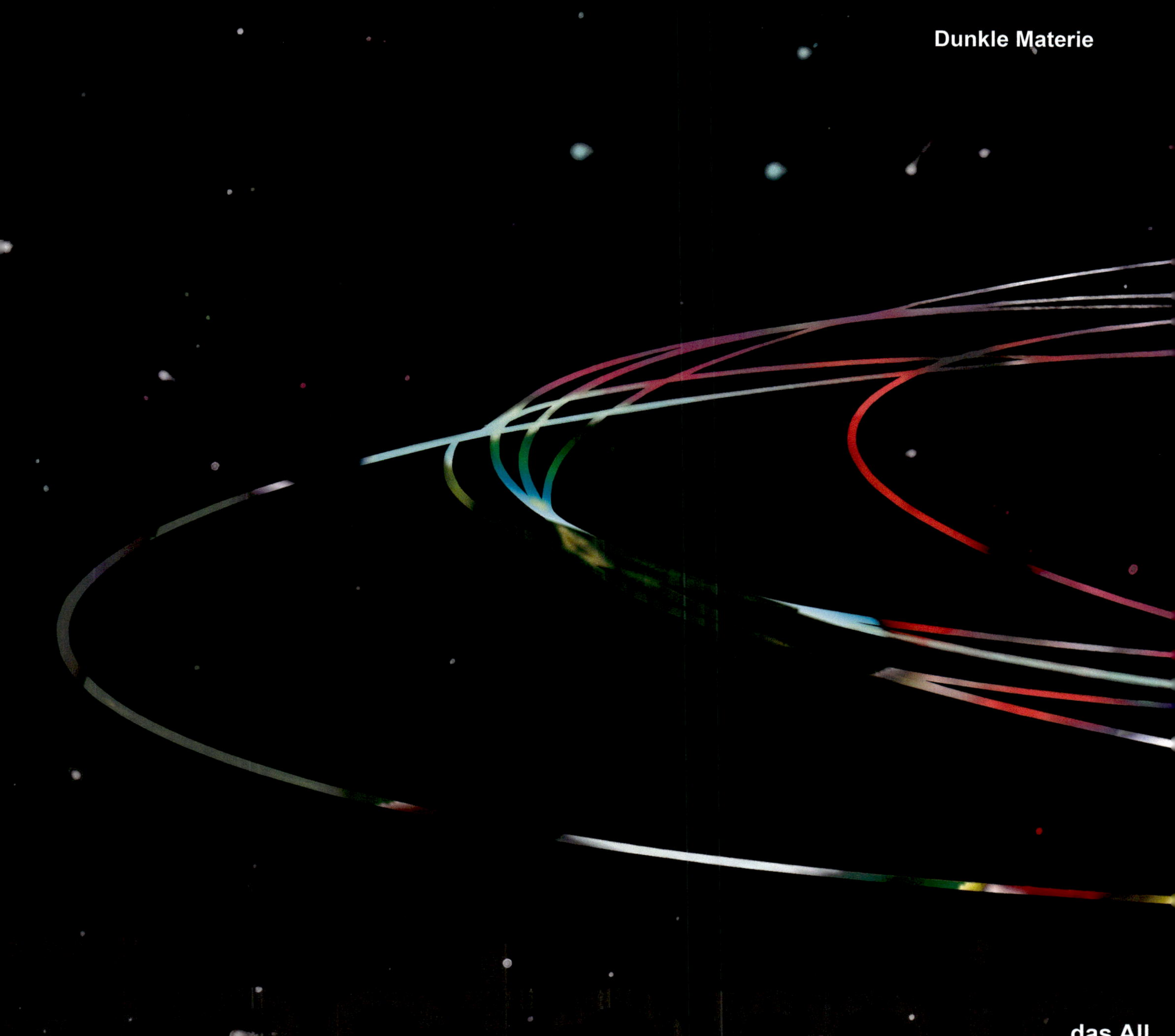

**das All**
**liegt über Wolken aus Kristall**
**spiegelt allen wer sie sind --- ob nackt, verzückt, verliebt**
**wie das Licht der Finsternis --- die Wirklichkeit !**

**Sternentanz um das Schwarze Loch Sagittarius A*** 

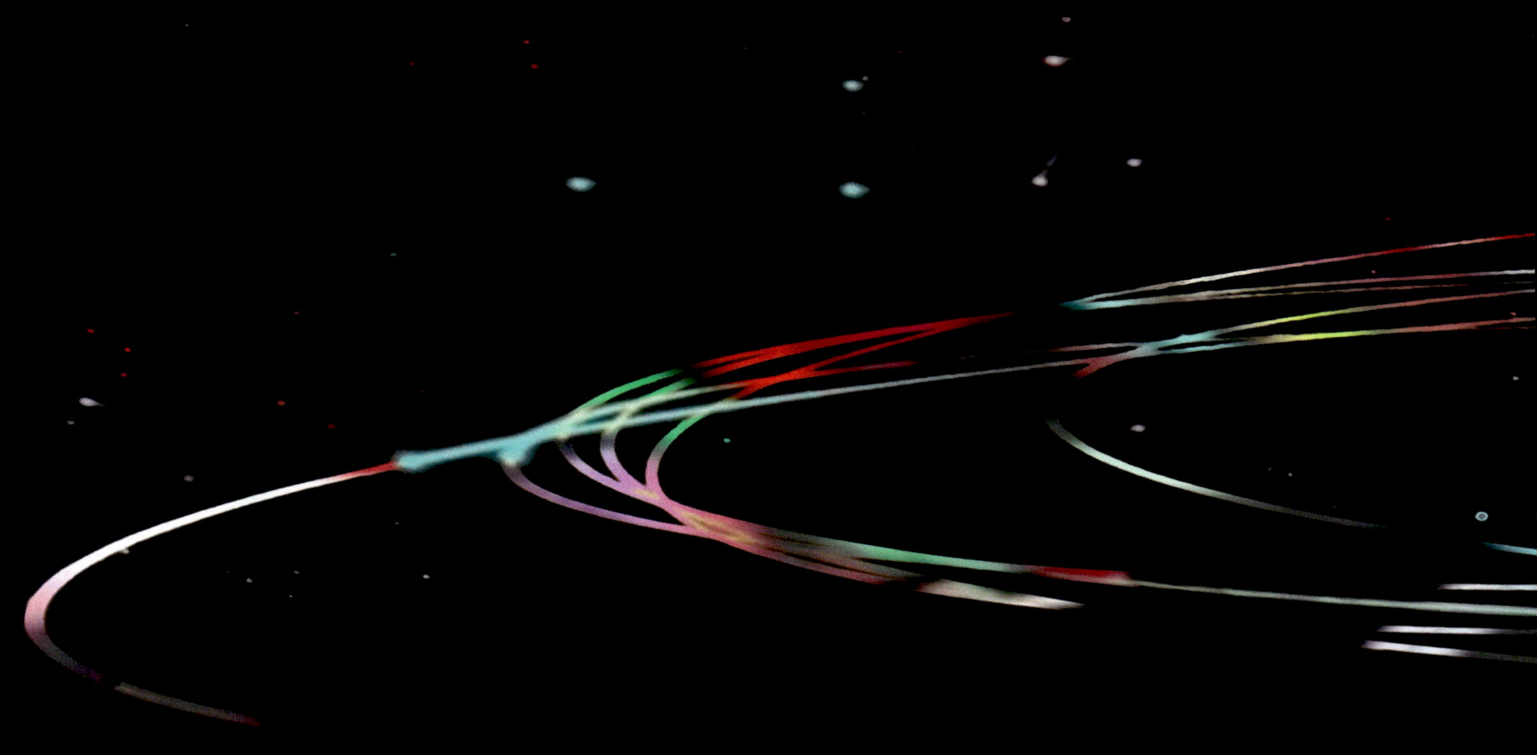

 star dance around the Black Hole Sagittarius A*

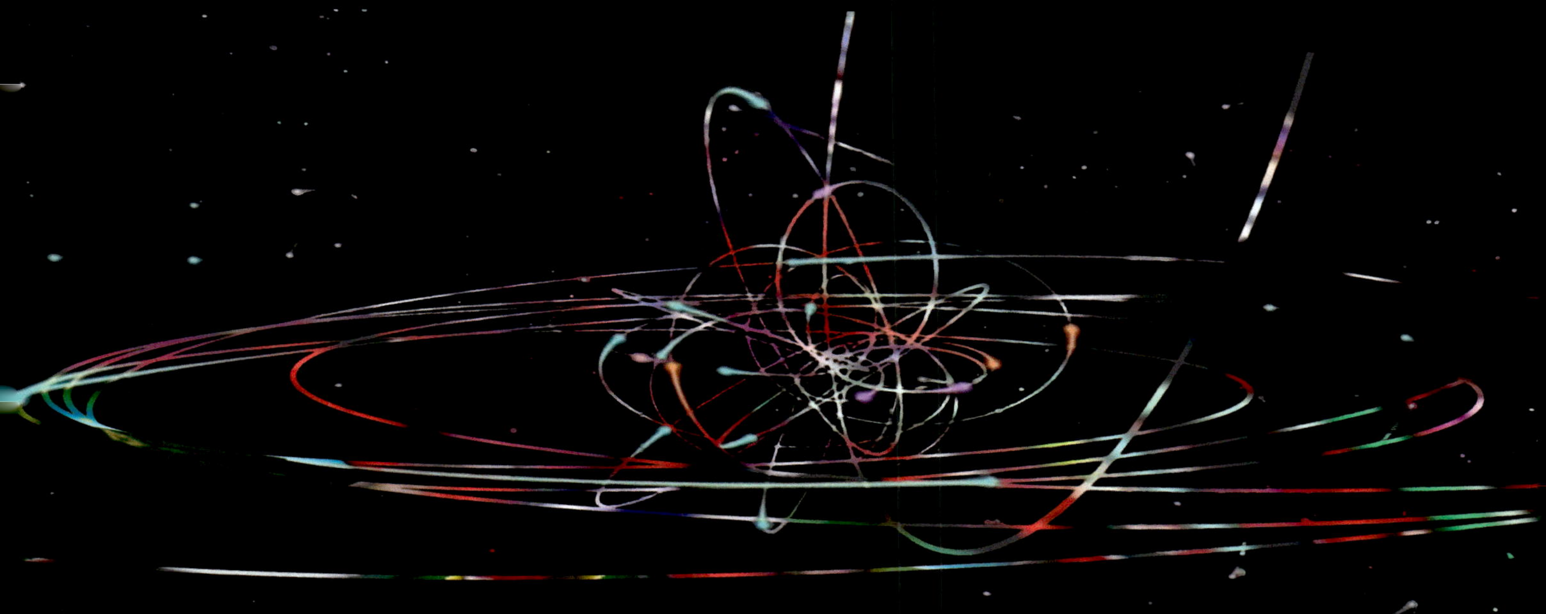

das All liegt über Wolken aus Kristall

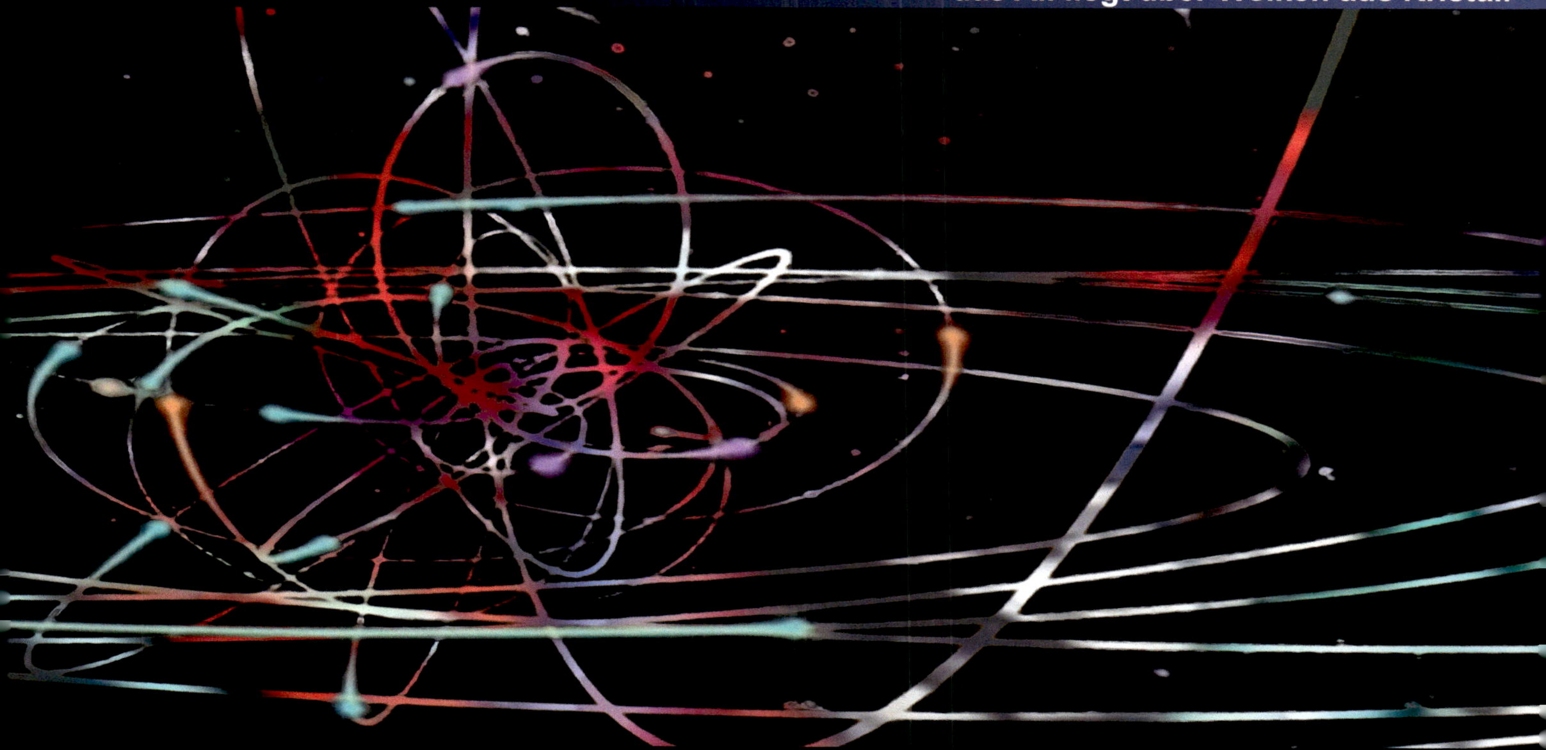

Sternentanz um das Schwarze Loch Sagittarius A*

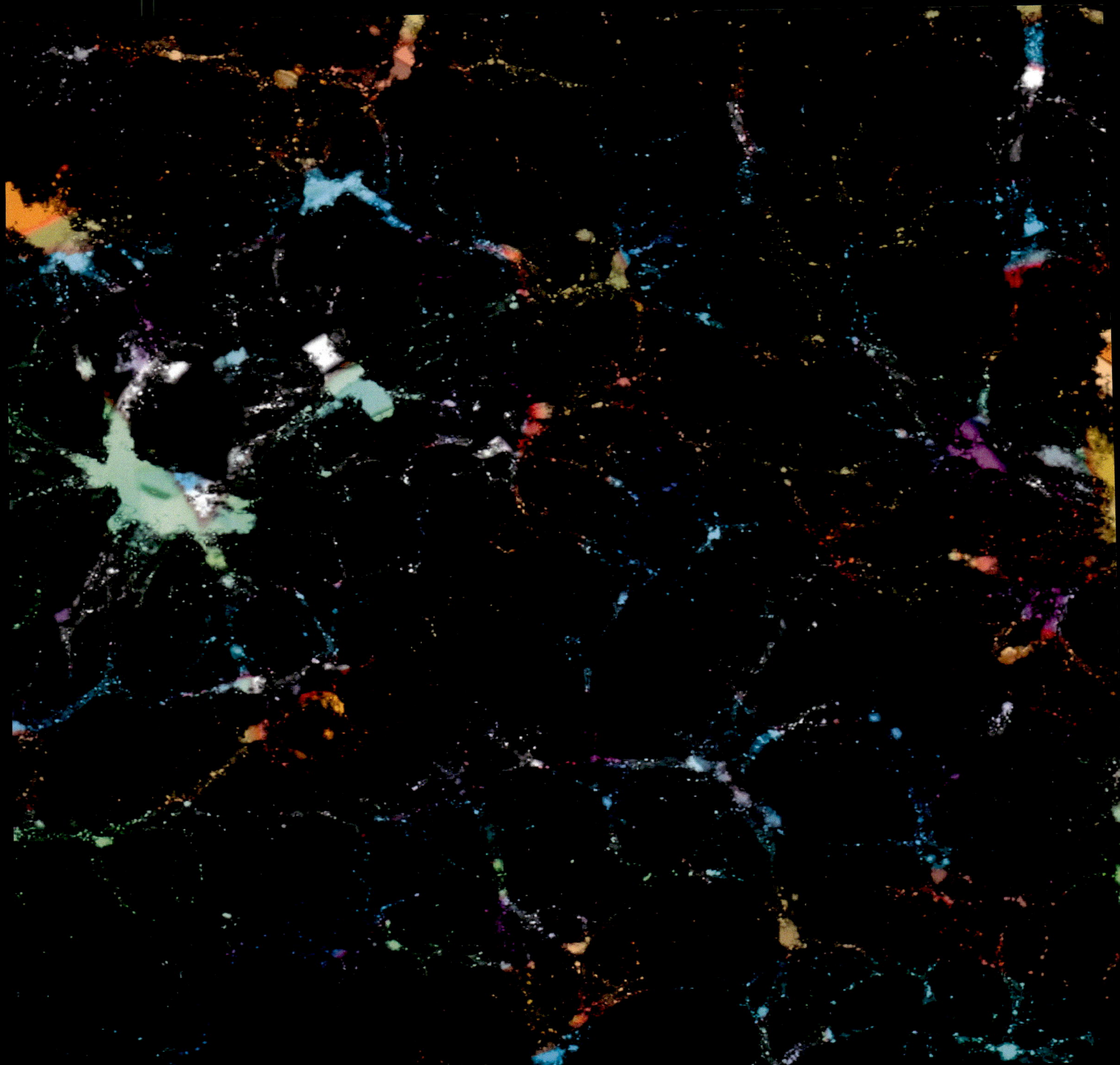

reality

Shibuya Crossing, Tokyo, Japan

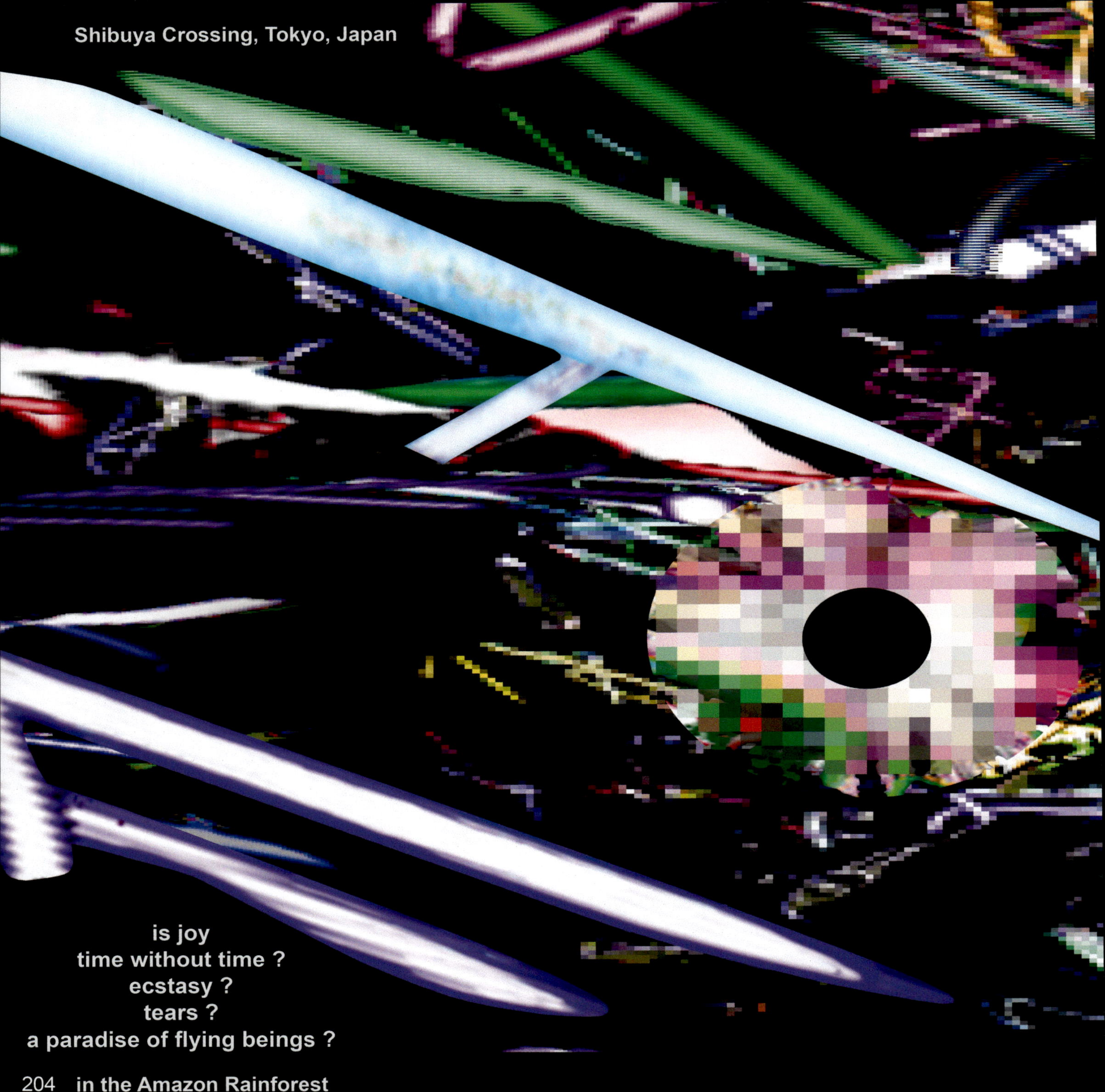

is joy
time without time ?
ecstasy ?
tears ?
a paradise of flying beings ?

Shibuya Kreuzung, Tokio, Japan

ist Freude
Zeit ohne Zeit ?
Ekstase ?
Tränen ?
ein Paradies fliegender Wesen ?

the Amazon Rainforest

im Regenwald, Amazo

s joy
paradise of flying beings ?

st Freude
in Paradies fliegender Wesen ?

08 in the Amazon Rainforest

im Regenwald, Amazonas

 Shibuya Crossing, Tokyo, Japan

Shibuya Kreuzung, Tokio, Japan

 **Shibuya Crossing, Tokyo, Japan**

Shibuya Kreuzung, Tokio, Japan 

 **Shibuya Crossing, Tokyo, Japan**

ist Freude
Tränen ?

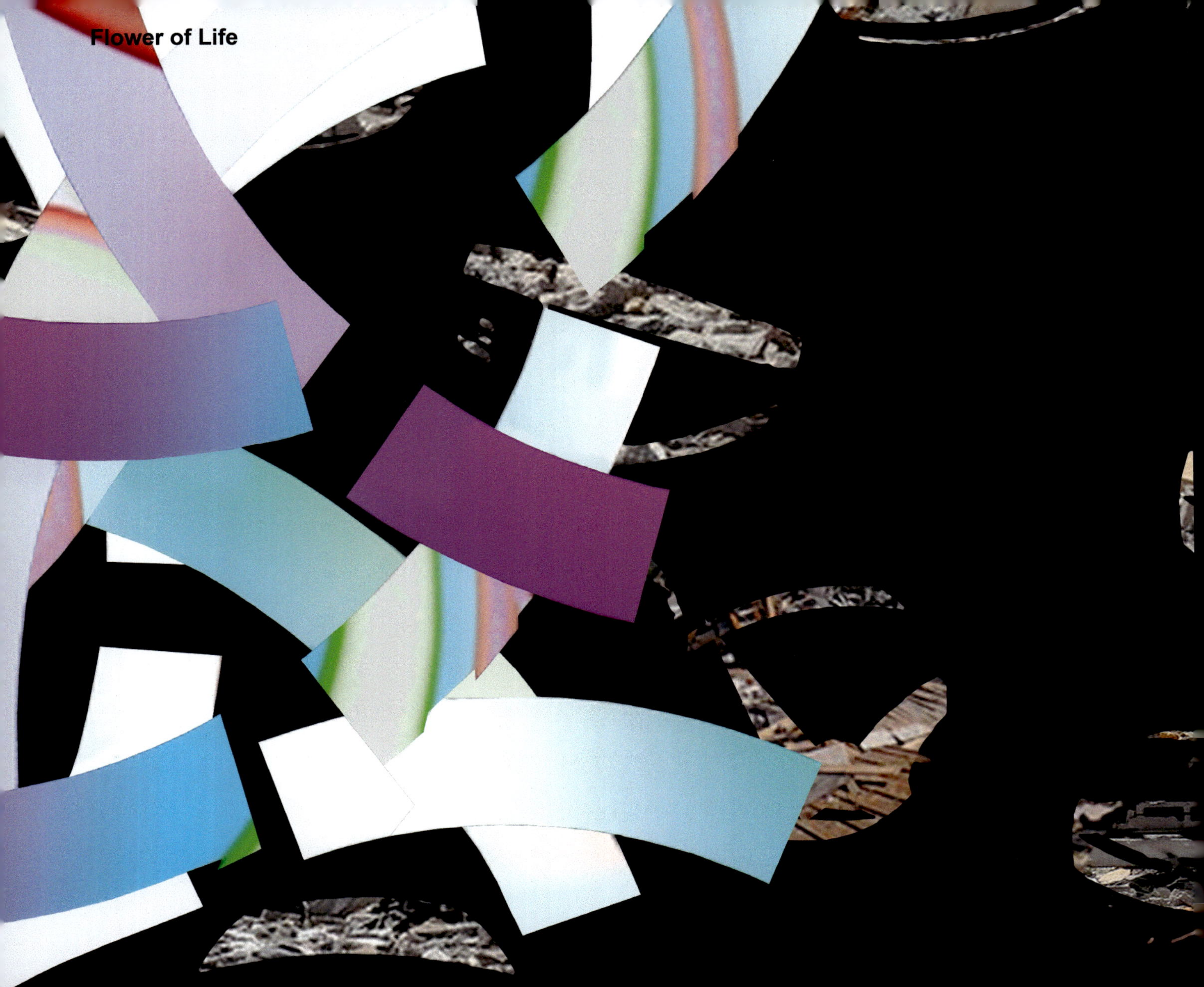

shattering

a thunderstorm shatters the universe
earth, stars, suns fall in free fall
only the lightning
gives orientation for a moment
and laughs !

 Trinity Test, nuclear weapons test New Mexico USA, July 16, 1945

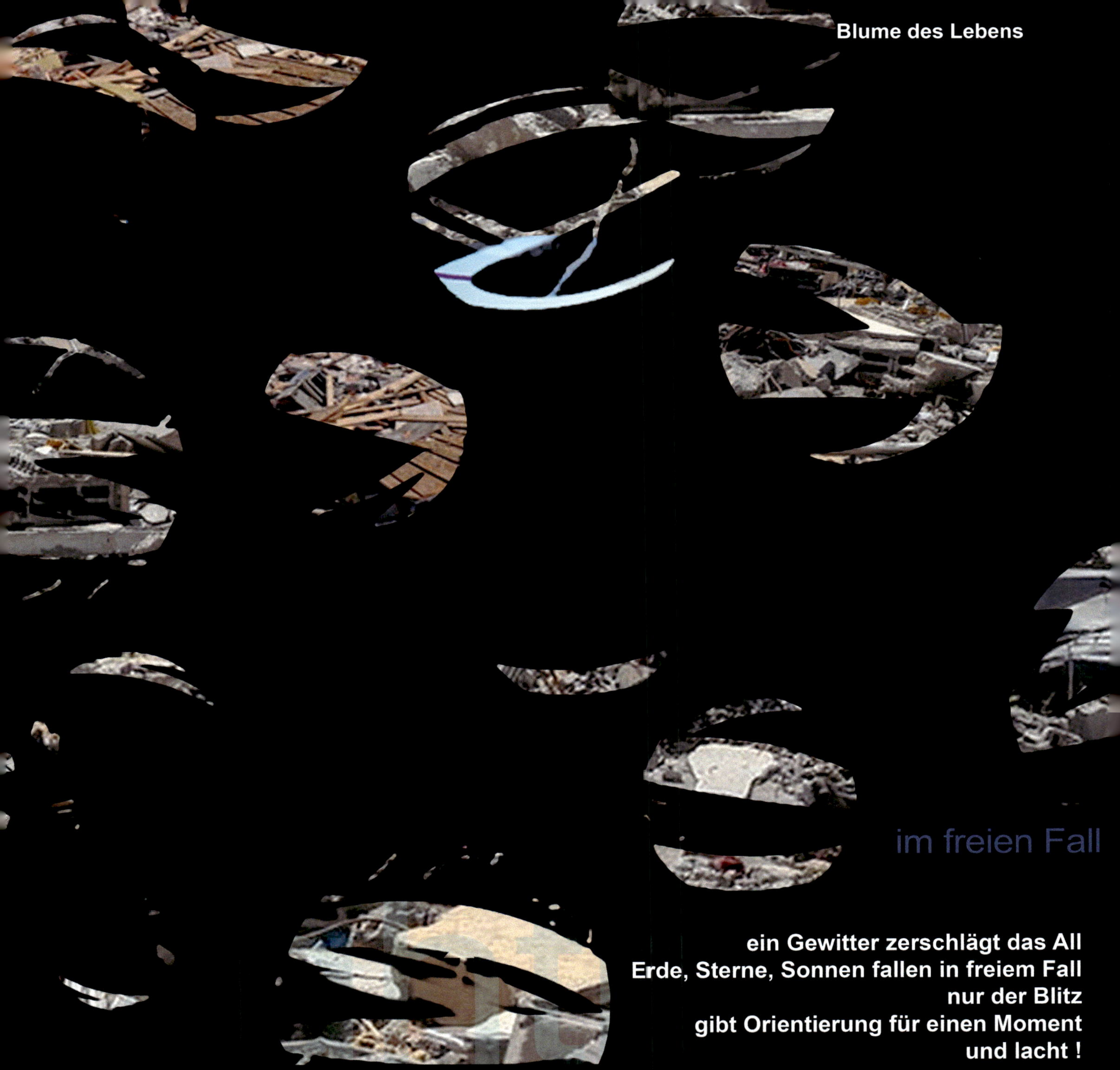

im freien Fall

ein Gewitter zerschlägt das All
Erde, Sterne, Sonnen fallen in freiem Fall
nur der Blitz
gibt Orientierung für einen Moment
und lacht !

Trinity Test, Atomwaffentest New Mexiko USA, 16. Juli 1945 

# Trinity Test

218 **Trinity Test, nuclear weapons test New Mexico USA, July 16, 1945**

Trinity Test, Atomwaffentest New Mexiko USA, 16. Juli 1945 

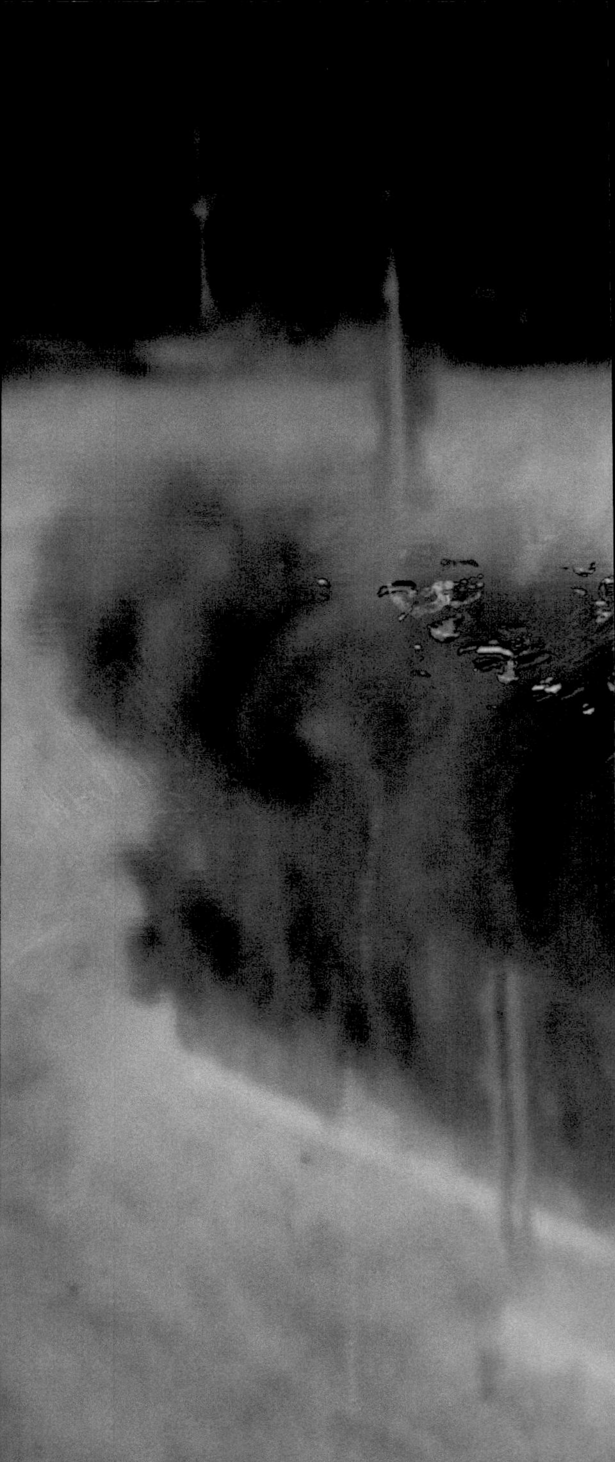

16, 1945

Trinity Test, Atomwaffentest New Mexiko USA, 16. Juli 1945

a thunderstorm shatters the universe

222 Trinity Test, nuclear weapons test New Mexico USA, July 16, 1945

Trinity Test, Atomwaffentest New Mexiko USA, 16. Juli 1945 

in the City of Light ....
who wouldn‘t want to be here ?

in der Stadt des Lichts ....
wer wollte hier nicht sein ?

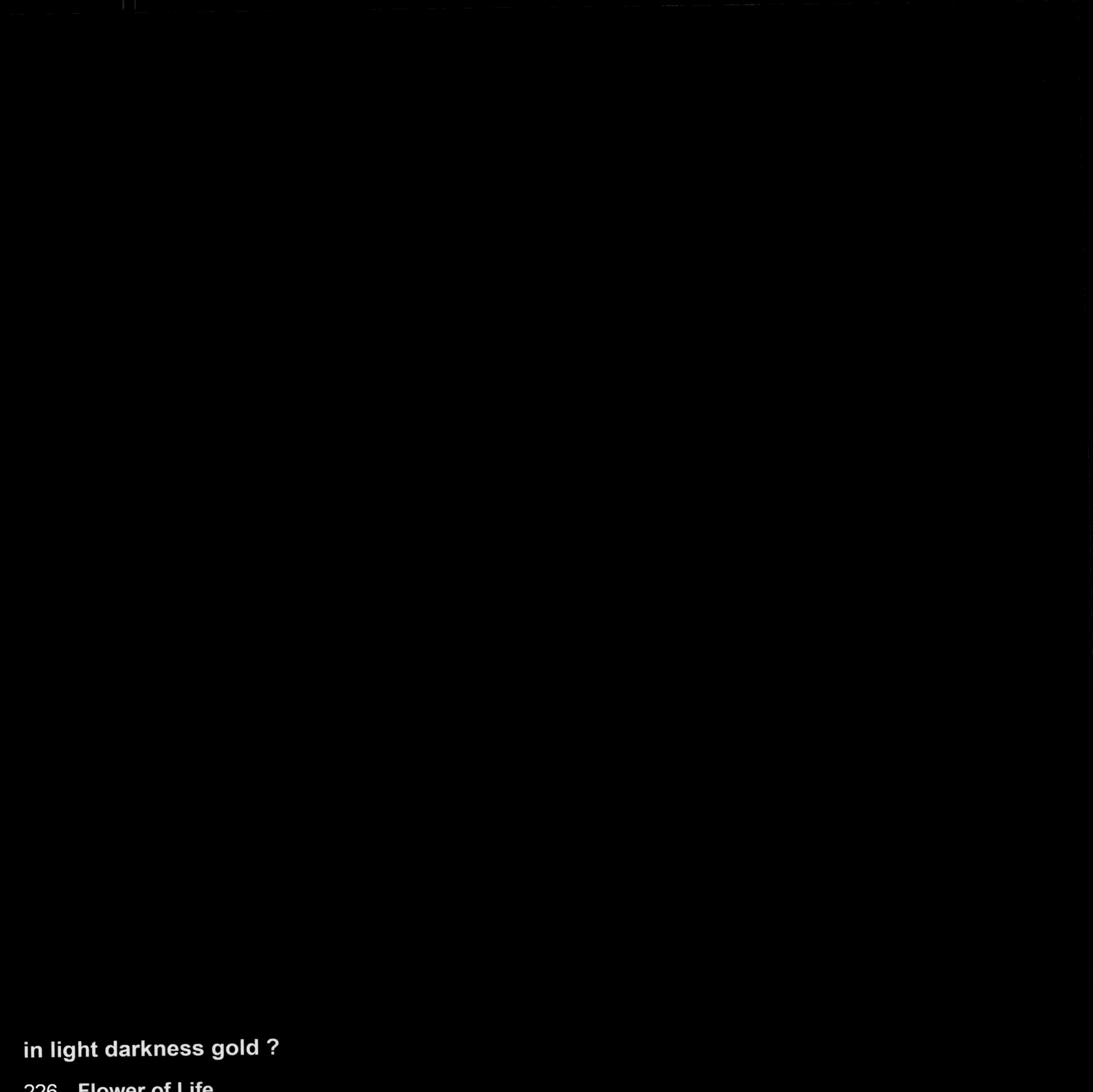

in light darkness gold ?

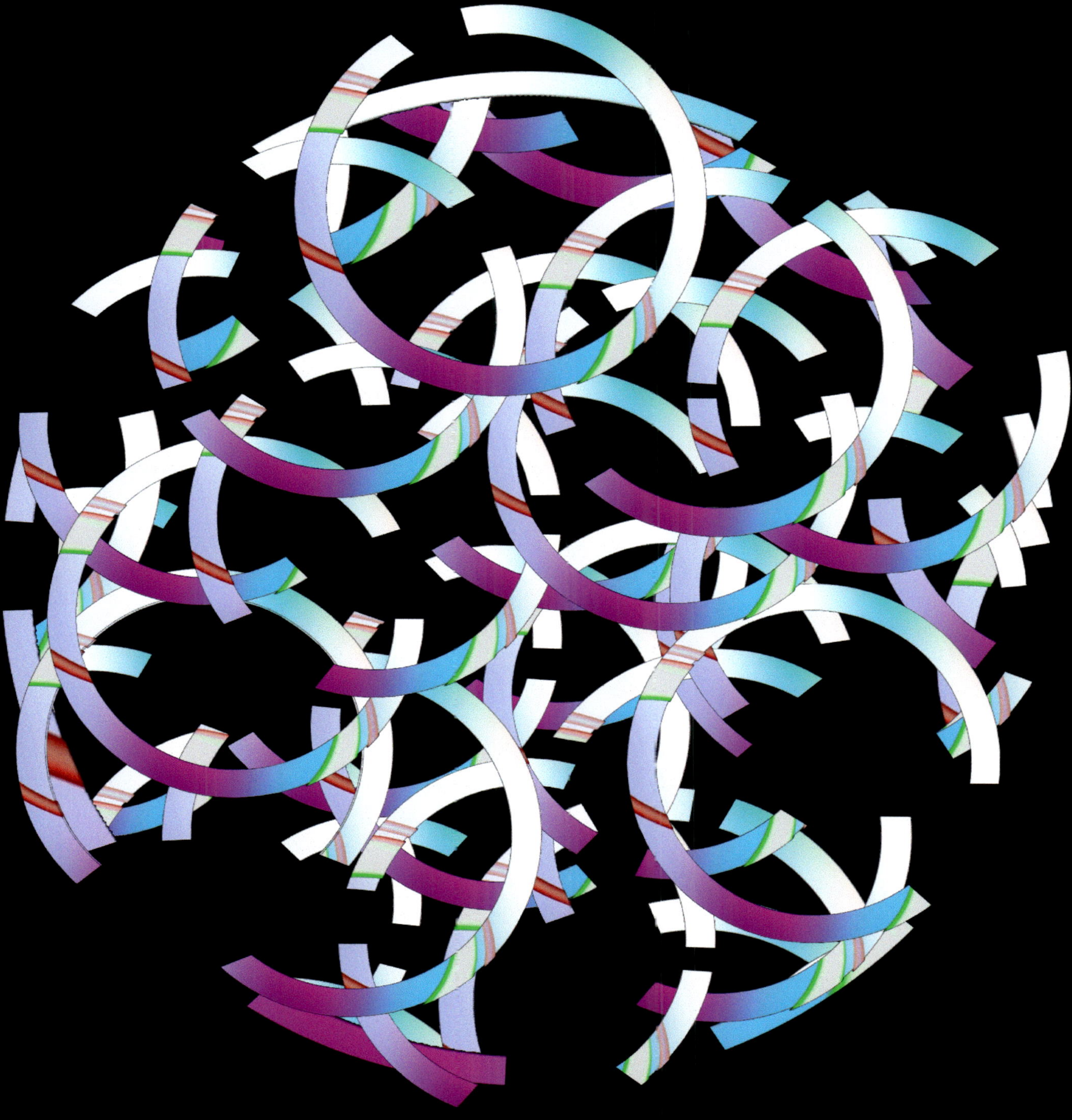

im lichten FinsternisGold ?

in the rainbow sea ?
beyond thought, you will find it !

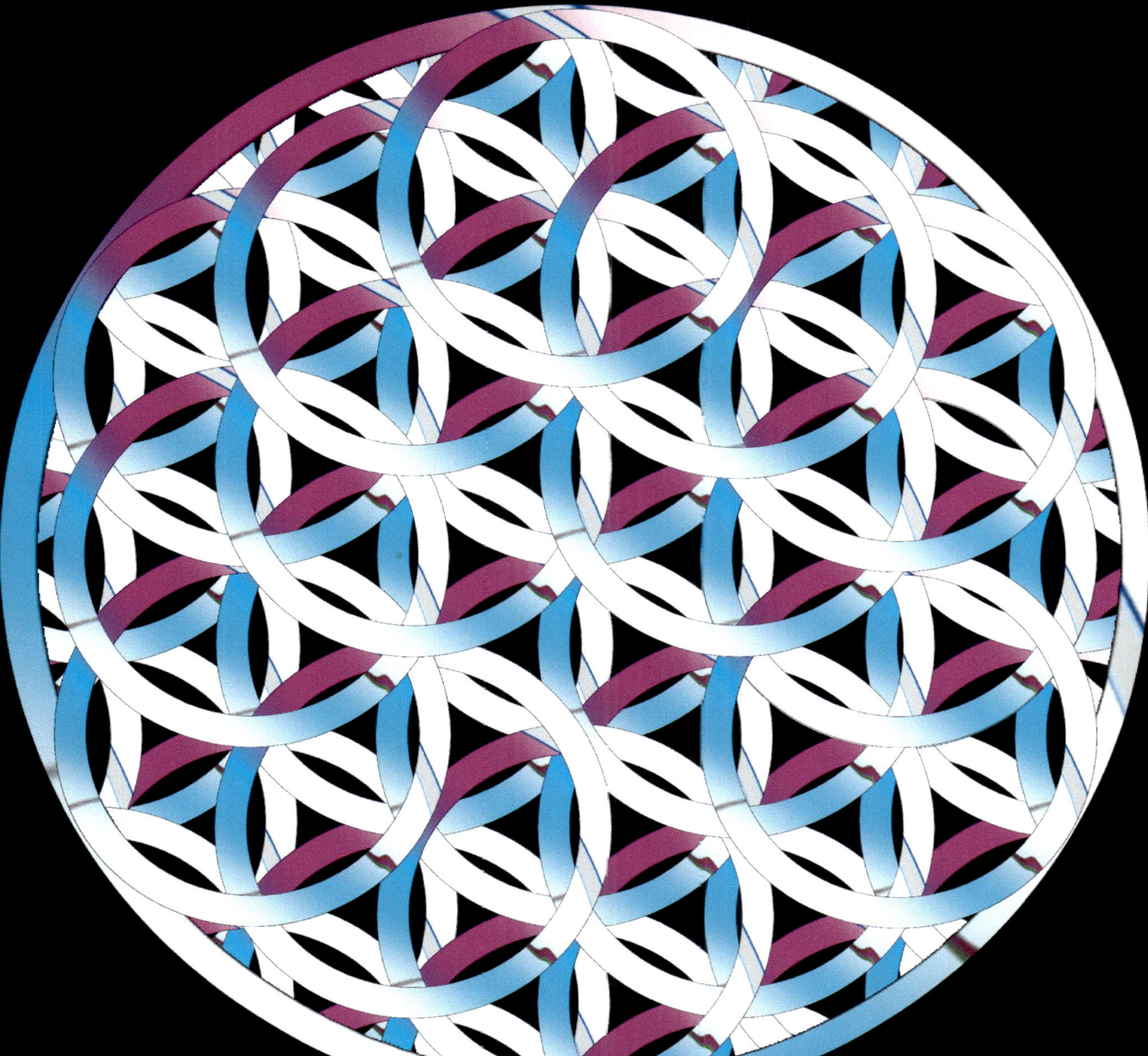

im Regenbogen-Meer
jenseits des Denkens findest du sie

*let us sing together*
the light calls to darkness
*so that we become Light.World.Sound !*

Schatten des Schwarzen Lochs M 87*

232 Shadow of the Black Hole M 87*

Schatten des Schwarzen Lochs M 87*

Schatten des Schwarzen Lochs M 87*

***let us sing together***

*lasst uns zusammen singen*

*ight calls to darkness*

*ruft das Licht zur Finsternis*

*We are all linked by a fabric of unseen connections.*
*This fabric is constantly changing and evolving.*
**David Bohm**

*Wir sind alle durch ein Gewebe aus unsichtbaren Verbindungen verbunden.*
*Dieses Gewebe ist in ständigem Wandel und entwickelt sich weiter.*
**David Bohm**

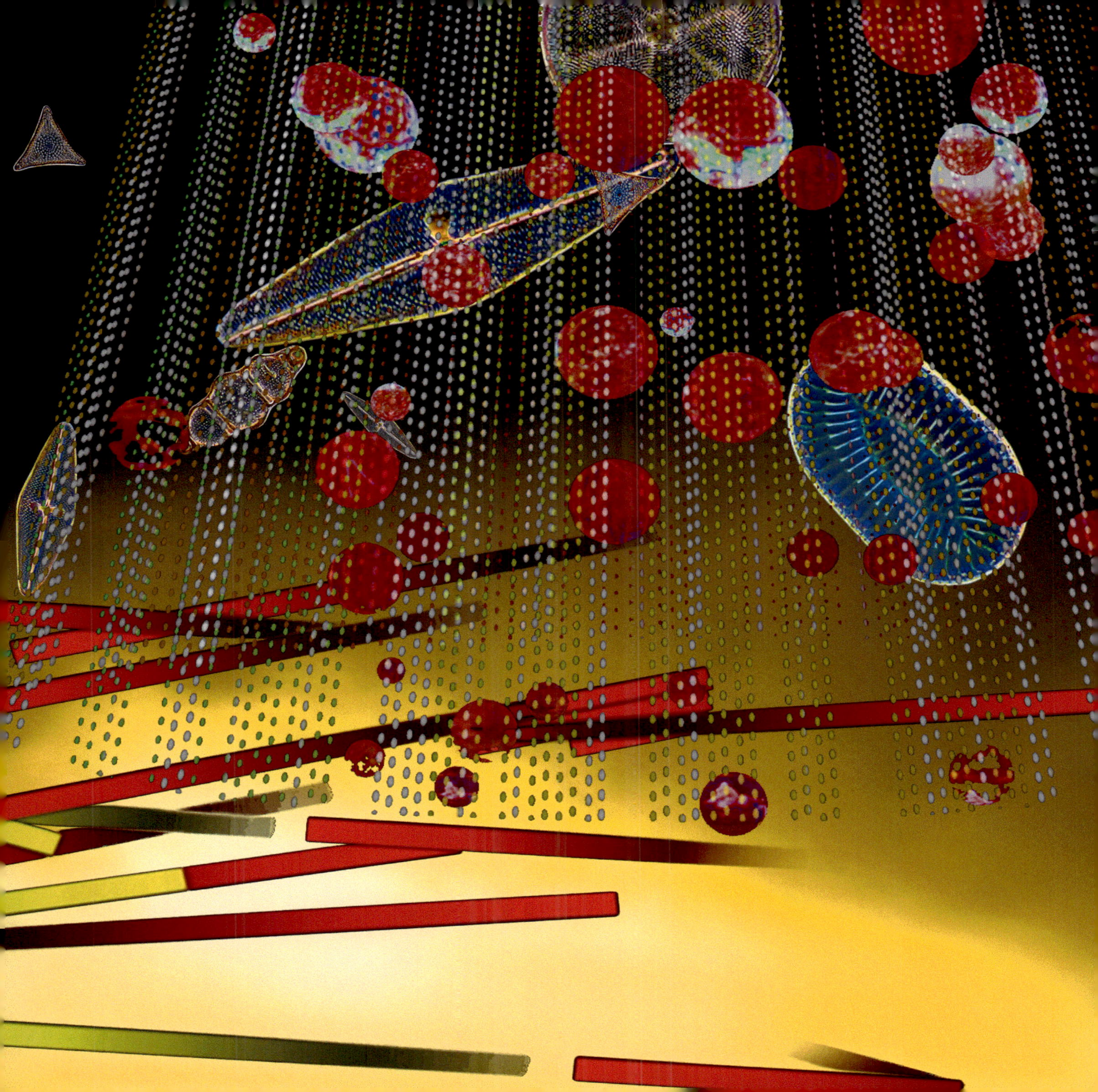

light flowing
fließendes Licht

## sources Quellen

Ali und Nino, Batumi, Georgia p./S. 38
https://www.youtube.com/watch?v=oQea4Z6pcRc
Amazon rainforest, Peru p./S. 206
https://www.journal21.ch/artikel/new-pictures-paradise
Ayers Rock, Uluru, Australia p./S. 70
https://lovingaustralia.de/australien-rundreise-selbstfahrer/
Bet Gyorgis Church, Ethiopia p./S. 32
https://form-faktor.at/gebaeude-als-landschaften-und-die-ignoranz-moderner-architektur
Black Holes p./S. 198
Geheimnisvolle Schwarze Löcher -22- Doku HD Reupload ARTE
Bull's Eye, Sahara, Mauretania p./S. 180
https://www.spiegel.de/wissenschaft/natur/satellitenbild-der-woche-das-auge-der-sahara-a-1128005.html
Dark Matter p./S. 12, 200
https://aktuelles.uni-frankfurt.de/forschung-frankfurt/das-meiste-ist-unsichtbar/
diatoms p./S. 76
https://www.alamy.com/stock-photo-phytoplankton-diatom-form-diversity-darkfield-blue-background-83091518.html?imageid=5708C4C0-13F1-43C6-AEC9-90964961A58C&p=12801&pn=1&searchId=ecbd5463e1cce1da90815ca7ecbd0d08&searchtype=0
https://www.alamy.com/stock-photo/diatom-form.html?sortBy=relevant
Eisberg, Antarctica p./S. 136
https://www.esys.org/rev_info/eisberg.html
from Shapley-Hercules Filament to Perseus-Pisces p./S. 186
The Cosmic V-Web, a movie by D. Pomarede, Y. Hoffman, H. Courtois, B. Tully
jellyfish p./S. 14
https://aware-film.com/de/
Laki Crater, Iceland p./S. 52
andresundcaro.ch/Reisen/Reiseberichte/Iceland_2005/fotogalerie_iceland/is_galerien/is_galerie_225.htm
Mekka, Saudi Arabia p./S. 34
https://www.istockphoto.com
Moon p./S. 62
https://www.starobserver.org/tag/erdmond/page/24/
Mount Huangshan, China p./S. 94
https://www.welt.de/reise/Fern/article124559167/Wer-am-Huangshan-wandert-muss-schwindelfrei-sein.html
M 87* p./S. 230
Monika Mościbrodzka
Nasca Lines, Peru p./S. 40
Alfonso Casabonne, Geoglyphe in Form eines Baumes, Nasca 2017

Ngorogoro, Tansania p./S. 90
Zeit.de Maasai und der Serengeti Nationalpark
rice fields, Vietnam p./S. 162
https://www.istockphoto.com/de/foto/terrasse-reisfeld-im-wasser-saison-vietnam-gm184024268-27638071
Rügen Trees, Germany p./S. 190
Miguel Fernandez
Sagittarius A* p./S. 198
Reinhard Genzel, Andrea Ghez
Sema Ceremony, Turkey p./S. 46
https://www.youtube.com/watch?v=M7rHT7nYuM4
Sistine Chapel, Rome p./S. 114
https://www.museivaticani.va/content/museivaticani/de/collezioni/musei/tour-virtuali-elenco.html
Shibuya Crossing, Tokio, Japan p./S. 210
https://www.youtube.com/watch?v=GVKXHXPugLI
Sun p./S. 146
https://www.youtube.com/watch?v=I3QQQu7QLoM&t=4s
https://www.youtube.com/@NASAGoddard
Sky Waves, Germany p./S. 26
https://www.space.com/astronomy-photo-of-the-year-shortlist-2023
Trinity Test, New Mexico, USA p./S. 218
https://www.spiegel.de/geschichte/atomwaffentests-der-usa-der-trinity-test-und-seine-folgen-a-55b4836e-7563-42d7-a3ec-f6da27c53687
Vịnh Hạ Long, Vietnam p./S. 108
https://www.urlaubstracker.de/halong-bucht/
Viti Crater, Iceland p./S. 132
https://commons.wikimedia.org/wiki/File:Viti_Crater_21.05.2008_15-31-46.JPG
Wiener Opernball 2020, Vienna, Austria p./S. 126
https://www.youtube.com/watch?v=UJU_zTUsxac
Zhangye Danxia, Red Cloud Mountain, China p./S. 166
https://www.pinterest.de/pin/474848354459532055/